내 인생을 바꾸는

감사일기

내 인생을 바꾸는

감사일기

저자 이의용

초판 1쇄 2010년 10월 30일
개정증보판 5쇄 2021년 12월 8일

발행처 아름다운동행
출판등록 2006년 10월 2일 제22-2987호
주소 서울시 서초구 서초중앙로 18, 919호
전화 02-523-1502
팩스 02-523-1508
홈페이지 www.iwithjesus.com

값 10,000원
ISBN 979-11-956751-2-8 0323

내 인생을 바꾸는

감사일기

이의용 지음

아름다운동행

'감사'라는 안경을 쓰고보면
내 삶의 모든 것이 소중한 선물입니다.
'감사'야말로 풍요로운 삶을 사는
비밀 코드입니다.

〈평생감사〉

일상에 깃든 소중한 감사

나는 밀레의 그림 '만종(晩鐘)'을 좋아한다. 그 그림을 보고 있노라면, 저녁노을이 가득한 가을 들판 너머로 아름답고 조용한 시골 마을에서 울려 퍼지는 교회 종소리가 그림 밖으로까지 흘러나올 것만 같다. 들판에서 고된 노동의 시간을 보낸 젊은 부부가 그 종소리를 들으며 두 손을 모으고 있다.

얼마나 아름답고 평화로운 풍경인가!

이들 부부는 무슨 기도를 하고 있을까? 소박한 농부는 하루를 주신 하나님께 감사의 기도를 드리고 있는 것은 아닐까?

부부의 경건한 자세가, 두 손을 가지런히 모은 겸손한 몸짓이 이들 부부의 아름다운 마음을 그대로 드러내고 있기 때문이다. 비록 몸은 고단할지 몰라도 이들에게 저물어가는 하루는 신성한 노동의 보람과 소박한 일상에 대한 평안과 감사로 충만할 것이다. 그리고 이들의 내일 아침은 오늘보다 더 힘차고 생명력으로 넘칠 것이다.

모든 감사는 '넘침'과 '만족'에서 나온다. '모자람'과 '결핍'에서는 불평과 불만이 나온다. 중요한 것은 이 '넘침'과 '모자람'은 생각의 차이일 뿐이라는 것이다. 똑같은 상황에서도 어떤 이는 적지만 있는 것으로 감사하고 어떤 이는 많이 가졌지만 만족하지 못함으로 인해 불평하기 때문이다.

감자 몇 알이 담긴 바구니, 낡은 농기구, 허름한 옷차림에도 '만종' 속의 부부는 감사하고 있다.

감사와 불만은 생각의 차이일 뿐이다. 하루하루를 감사하면서 사는 인생과, 하루하루를 불평하면서 사는 인생의 결과는 전혀 다를 수밖에 없다.

　실제로는 불가능한 일이겠지만, 이제 막 태어난 갓난아이 중 한 명은 늘 감사하면서 살도록 키우고, 다른 한 아이는 늘 불평만 하면서 살도록 키운다면 나중에 두 아이는 어떻게 되어 있을까? 십중팔구 두 아이는 전혀 다른 삶을 살고 있을 것이다.

　선택할 수 있다면, 우리는 이 두 아이 중 어느 아이의 삶을 선택하겠는가? 늘 불평하며 고통스러운 삶을 살겠는가, 아니면 늘 감사하며 행복한 삶을 살겠는가? 중요한 것은 순간의 선택이 평생을 좌우한다는 것이다.

　나는 대학에서 많은 청년들을 가르치면서 "어

떻게 하면 이들이 행복한 인생을 준비할 수 있도록 도울 것인가?"를 고민해왔다. 그러던 중 미국의 여성 언론인 오프라 윈프리의 '감사일기' 이야기를 접하게 되었다. 나 역시 늘 감사하며 살기 위해 노력은 해왔지만, 그것을 일기의 형태로 적지는 못했다. 그런데 매일 감사한 일들을 기록한다는 것이 매우 신선하게 다가왔다. 제자들과 함께 감사일기를 써보기로 하고 이후 지금까지 20여 년 동안 지속적으로 실천하고 있다. 물론, 너무 바쁘거나 아파서 일기 쓰기를 거르는 날도 있지만, 가능하면 빼먹지 않고 쓰려고 노력하고 있다.

그런데 감사일기를 쓰다 보니 나도 모르게 내 일상에 변화가 일어나기 시작했다. 전에는 잘 깨닫지 못했던 소소한 일상의 삶에서도 '감사거리'를 찾게 되고, 그러면서 어느덧 나의 삶에 조용한 평안이 깃드는 것을 느낄 수 있었다. 이 변화는 내게 상당한 의미로 다가왔다. 이전에는 잘 느낄 수 없었던 일상의 소중함과, 가족이나 교우, 직장 동료, 친구, 제자 등 내가 늘 만나던 사람들의 존재감과 무게가 새로운 의미로 다가오기 시작했다.

그래서 나도 다른 사람들에게 감사일기 쓰기를 권하기 시작했다. 나와 함께 감사일기를 시작했던 제자들도 감사일기를 쓰면서 많은 변화를 경험했다고 고백한다. 대학 입시에 매달리느라 초·중·고 과정에서 제대로 된 인성 교육을 한 번도 받아보지 못한 젊은이들이 자신의 삶에 대해 진지하고 깊이 있게 생각하는 기회가 된 것이다. 그런 제자들의 고백을 들으면서 나는 감사일기가 우리 모두에게 꼭 필요한 것이라고 확신하게 되었다.

'감사일기'는 우리 사회 많은 영역에서 변화를 가져올 수 있다. 가령, 인성 교육은 뒷전에 밀어놓은 채 아이들을 '문제 푸는 기계'로 밀어

넣는 공교육 과정에 감사일기를 도입한다면 큰 효과를 볼 수 있을 것이다. 군대에서도 감사일기를 쓴다면 사병들이 보다 평안하고 행복한 병영 생활을 할 수 있을 것이다. 교회에서도 감사일기 쓰기를 생활화하면 기쁨 가운데 신앙생활을 해 나갈 수 있을 것이다. 병원이나 교도소에서 감사일기를 쓰면 회복과 치유가 빨라질 것이다. 어느 기업에서는 신입사원 연수 때 감사일기 쓰기를 하는데, 이후 회사와 업무에 대한 사원들의 만족도가 많이 높아졌다.

하지만 내 생각에 감사일기 쓰기를 가장 먼저 시작해야 할 곳은 바로 우리의 가정이다. 가족은 세상에서 가장 친밀한 관계이면서도 동시에 작은 상처에도 쉽게 무너질 수 있는 연약한 관계이기 때문이다. 만약 온 가족이 감사일기를 쓴다면 어떤 불행도 쉽게 끼어들지 못할 것이다. 동시에 어떤 불행이 찾아오더라도 온 가족이 사랑과 감사의 힘으로 쉽게 극복해나갈 힘이 생기기도 한다.

지금 당장 수첩 한 권을 사서 감사일기를 시작하는 것은 물론 좋은 방법이다. 그러나 이런 노력이 오래 가기는 어렵다. 쉽게 끓는 물이 쉽게 식는 법이다. 감사일기를 더 오래, 더 깊이 쓰기 위해서는 긍정적 사고와 감사의 관계, 신앙과 감사의 연관성 등을 알아 둘 필요가 있다. 나아가 감사일기를 효과적으로 쓰는 방법도 익혀두면 좋다. 어떤 물건을 새로 마련했을 때, 귀찮더라도 매뉴얼을 읽어두면 제품에 대한 이해가 깊어지고 비상시에 효과적으로 대처할 수 있는 것과 마찬가지다.

그런 맥락에서 이 책을 펴내게 되었다. 이 책에 담긴 내용들을 잘 살펴보면 평소에 생각하지 못했던 많은 '감사거리'를 발견하게 될 것이다.

이 작은 책을 통하여 감사일기 쓰기가 착한

누룩처럼 선한 영향력을 끼치며 널리 확산되고
우리 사회에 행복한 감사가 넘치기를 기도한다.
아울러 충실한 사례로 개정증보판을 살찌워준
아름다운동행에 감사드린다.

2016년 5월
저자 이의용

01

감사의 門 열기

Jesus replied, What is impossible with men is possible with God Jesus looked at them and said, "With man this is impossible, but with God all things are possible I can do everything through him who gives me strength For nothing is impossible with God Jesus replied, What is impossible with men is possible with God Jesus looked at them and said, "With man this is impossible, but with God all things are possible I can do everything through him who gives me strength For nothing is impossible with God Jesus replied, What is impossible with men is possible with God Jesus looked at them and said, "With man this is impossible, but with God all things are possible I can do everything through him who gives me strength For nothing is impossible with God

———

1
감사를 열어주는 門
- 긍정적 사고 -

'If의 심리학'

　미국의 노스웨스턴 대학 심리학 연구팀이 재미난 실험을 했다. 1992년 바르셀로나 올림픽 시상식 사진을 사람들에게 보여 주고 시상대에 오른 선수들의 표정으로 순위를 알아맞히도록 한 것이다. '메달의 심리학'으로 알려진 이 실험의 결과는 놀라웠다. 대부분의 사람들은 그들의 표정만 보고 은메달을 딴 선수와 동메달을 딴 선수를 바꾸어 생각했다. 이 같은 결과는 '선수들의 표정만으로' 순위를 알아맞히도록 요구했기 때문에 일어난 일이었다.

사람들의 예상과는 달리 은메달을 딴 선수보다는 동메달을 딴 선수의 표정이 훨씬 행복해 보였다. 이 실험의 결과는 밴쿠버 동계올림픽의 시상식 풍경과도 거의 일치했다.

노스웨스턴 대학의 빅토리아 메드백 박사는 이 같은 현상을 '만약에(If)의 심리학'이라고 설명한다. 즉, "2위는 조금만 더 잘했더라면 금메달을 딸 수 있었을 텐데… 하는 부정적인 생각에 빠지기 쉽지만, 3위는 최소한 메달은 건졌다며 긍정적으로 받아들이는 경향이 많다"는 것이다. 순위만으로 따지자면 동메달을 딴 3등보다 은메달을 딴 2등이 더 행복해야 하지만 이 'If의 심리학'에 빠져 오히려 2등이 더 우울해지기 쉽다는 설명이다.

실제로 과거 밴쿠버 동계올림픽 시상대에 오른 우리나라 선수들의 표정만 살펴봐도 이를 직접 확인할 수 있다. 대부분의 경우 동메달을 딴 선수는 행복한 표정인데 은메달을 딴 선수는 아쉬움에 표정이 굳어 있다. 표정만 봐서는 누가 은메달이고 누가 동메달인지 헷갈릴 정도이다.

언젠가 '예스맨'이라는 영화를 본 적이 있다. 이 영화에서 주인공 짐 캐리는 실패와 좌절의 삶을 계속 살다가 어느 날 우연히 '예스교(Yes 教)' 추종자를 만나게 된다. 짐 캐리가 만난 '예스교도'들의 교리는 어떤 상황도 긍정적으로 받아들이는 것이다. 그래서 항상 '노(No)!'라는 말 대신 '예스(Yes)!'라고 말해야 한다. '노!'라고 해야 할 때에도 '예스!'라고만 하니 일상생활에서 난처한 일이 한두 가지가 아니다. 현실적으로 손해가 막심했지만 그래도 짐 캐리는 이 교리를 받아들여 '노!' 대신 늘 '예스!'라고 말하게 된다.

그런데 그렇게 한 결과 짐 캐리의 실패와 좌절의 인생은 성공과 희망의 인생으로 완전히 바뀌게 된다. 일상생활에서 긍정적 사고가 얼마나 중요한 것인지를 일깨워주는 영화였다.

이 영화가 주는 메시지는 분명했다. 우리가 성공적이고 행복한 삶을 살고 싶다면 긍정적인 마인드를 가져야 한다는 것이다.

그리스 신화에 보면 '피그말리온'이라는 조각가가 나온다. 이 조각가는 워낙 내성적이어서 여자와 잘 사귈 수가 없었고, 그래서 자신은 평생 독신으로 살 수밖에 없다고 생각했다. 그러던 어느 날 피그말리온은 상아로 아름다운 여인의 조각상을 만들었다. 완성된 조각상은 자신이 봐도 너무도 아름답고 완벽한 여인의 모습이었다. 피그말리온은 이 조각상이 너무도 예뻐서 혼자 안아보기도 하고, 옷도 입혀보고, 어울릴 만한 선물도 만들어 걸어주기도 했다. 그 조각상이 마치 자신의 아내라도 되는 양 애착을 갖게 되었다.

그러던 어느 날 피그말리온이 살던 키프로스 섬에서 사랑의 여신 축제가 열렸다. 피그말리온은 그 축제의 제단 앞에서 간절히 기도했다.

'저 조각상의 여인을 사람으로 만들어 저에게 주시옵소서….'

그렇게 간절히 기도를 한 피그말리온은 집으로 돌아와 조각상에게 입을 맞추었다. 그런데 놀라운 일이 벌어졌다. 차가운 조각상 여인의 입에서 따뜻한 온기가 전해졌다. 깜짝 놀라 손을 만져보니 체온이 느껴졌다. 가슴에 손을 대보니 심장까지 뛰었다. 자신이 꿈에 그리던 소원이 현실로 이루어진 것이다.

이 여인이 바로 갈라테이아이다. 생각하던 대

로 이루어진 것이다. 이것을 상담심리학에서는 '피그말리온 효과'라고 부른다.

피그말리온 효과와는 좀 다르지만, 상당히 엽기적인 예를 하나 들겠다.

2008년 10월 타이완 난타우의 한 동물원에서 쥐가 독사를 물어 죽인 사건이다.

난타우 지역의 한 소방관이 35센티미터 길이의 독사를 포획했다. 소방관은 우리에 갇힌 뱀에게 쥐 한 마리를 '점심 식사'로 넣어주었다. 그런데 상상도 못한 일이 벌어졌다. 독사 우리에 들어간 작은 몸집의 쥐가 커다란 뱀과 '혈투'를 벌였고, 결국 뱀에게 큰 상처를 입혀 뱀을 죽이고 말았다. 쥐가 독사를 물어 죽이는 광경을 본 사람들은 경악하지 않을 수 없었는데, 뱀 먹이로 던져졌던 문제의 쥐는 뱀과 거의 30분가량 치열한 사투를 벌여 뱀을 죽게 만든 것이다. '살아야겠다', '이길 수 있다'는 생각이 '천적 앞의 쥐'를 살린 것이다.

미국 하버드 대학의 심리학과 교수 로젠탈은 초등학생들을 대상으로 실험을 했다. 한 그룹의 어린이들에게는 "잘할 것"이라는 믿음을 주면서 격려하고 칭찬했고, 다른 한 그룹에게는 반대로 야단치며 "너는 못할 것"이라는 암시를 주었다.

실험의 결과는 극명했다. 격려하고 칭찬하며 "잘할 것"이라는 암시를 준 그룹 어린이들의 성적은 크게 향상된 반면, 야단치고 "못할 것"이라는 암시를 준 그룹 어린이들의 성적은 낮아졌다. 기대와 칭찬이 갖는 긍정적인 효과가 실험을 통해 입증된 것이다.

이를 심리학에서는 '로젠탈 효과'라고 부른다.

로젠탈 효과와 비슷한 것 가운데 '플라시보 (Placebo) 효과'란 것도 있다. 약효가 전혀 없는 가짜 약을 진짜처럼 속여서 환자에게 먹였을 때, 환자의 병세가 좋아지는 결과이다. 약을 먹으면 나을 것이라는 믿음과 확신이 환자의 병세를 호전시킨 것이다. 비록 그 약이 가짜라 하더라도 환자가 그 약에 대해 믿음을 갖고 있으면 효과를 낼 수 있음을 잘 보여주는 대표적인 사례이다. 이런 실험을 보면 사람의 몸은 마음에 의해 많은 영향을 받고 있음이 확실하다.

지금까지 든 예들을 보면, 긍정적인 사고가 왜 중요한지를 알 수 있다. 세 개의 사과가 있을 때 '제일 맛있는 것'부터 먹는 사람이 있는가 하면, 반대로 '제일 맛없는 것'부터 먹는 사람도 있다. 전자는 사과 세 개를 모두 맛있게 먹을 수 있지만, 후자는 모두 맛없게 먹게 된다.

안경 쓴 사람에게 왜 안경을 썼는지 물으면 대부분 '안 보여서' 썼다고 한다. '잘 보려고' 썼다고 대답하는 사람은 거의 없다. 그러나 '잘 보려고' 썼다고 대답하는 사람은 다른 사람보다 더 많이, 더 잘 볼 수 있을 것이다.

긍정적인 언어를 사용하면 생각도 긍정적으로 바뀐다는 말이다. 예를 들어 '무단횡단 금지'라는 안내문은 뜻은 좋지만 일단 '무단횡단'을 연상하게 한다. '불평하지 말라'는 말도 '불평'을 연상하게 한다. '주차 금지'도 '주차'를 연상하게 하고, '출입 금지'라는 표현도 일단은 '출입'을 연상하게 되니 효과가 적을 수밖에 없다. '음주운전 금지'라는 표현 역시 '음주운전'을 연상하게 한다.

표현을 이렇게 바꿔보면 어떨까요?

'무단횡단 금지' 대신 '횡단보도로 건너가세요',

'불평하지 말라' 대신 '감사합시다',

'주차 금지' 대신 '정해진 곳에 주차하세요',

'출입 금지' 대신 '관계자만 들어오세요',

'음주운전 금지' 대신 '당신의 가족은 안전운전을 원합니다'

긍정적인 언어가 긍정적인 사고를 이끌고, 긍

정적인 행동을 낳는다. 더 나아가 긍정적인 행동이 긍정적인 삶을 살게 한다.

나는 20년 이상 잡지를 편집해본 경험이 있다. 한 달 동안 열심히 애써 만들고 나서 잡지가 출간되면 편집자에게는 특별한 소회와 뿌듯함이 있다. 그러면서도 다른 한편으로는 불안감이 몰려오는데, 그건 혹시 잘못 인쇄된 부분은 없을까, 결정적인 오류는 없을까 하는 생각 때문이다. 잡지가 나오면 "수고했다"며 격려와 칭찬을 해주는 사람들도 있지만, 잘못된 부분을 찾아서 꼬집으며 비판하고 뒤에서 수군거리는 사람들도 없지 않다. 특히 직급이 높은 이들 중에는 퀴즈문제 풀듯이 틀린 글자를 찾아내어 지적하는 악취미를 가진 이들도 있다.

아무리 뛰어난 편집자도 오자를 완전히 없게 하기는 어렵다. 세계적인 잡지 '타임'지에도 오자가 있기 마련이다. 그런데도 잡지만 나오면

오자를 찾아내어 공개적으로 비판을 하는 윗사람이 있기에 한번은 이렇게 말해주었다.

"그래도 맞은 게 더 많습니다." 그 상사는 내 말에 기가 막혔던지 그 후 다시는 오자 문제로 시비를 걸지 않았다.

좀 더 긍정적인 생각을 가진 사람이라면 잡지를 만드는 과정에서 함께 오자를 찾아내야 한다. 이미 발간된 잡지에서 오자를 찾아낸들 무엇이 달라질 수 있단 말인가?

●긍정적인 표현과 부정적인 표현을 각각 생각나는 대로 써보자.

긍정적인 표현	부정적인 표현

●당신은 앞의 페이지에 열거한 표현들 중 어떤 것을 자주 사용하고 있는가? 자기가 평소 자주 사용하는 긍정적인 단어 5개, 부정적인 단어 5개씩을 골라 기록해보자.

긍정적인 단어

❶

❷

❸

❹

❺

부정적인 단어

❶

❷

❸

❹

❺

긍정적인 생각은 엄청난 힘을 갖고 있다. 그래서 성공하는 사람들은 한결같이 '긍정적인 사고'를 강조한다.

"나는 할 수 있다", "나는 해낼 수 있다"

이런 자기 암시가 자신감을 만들어주고 긍정적인 결과를 가져다 준다. 그래서 경기를 앞둔 많은 운동선수들은 하루에도 수 없이 "예스, 아이 캔!(Yes, I can)"을 외치는 것이다. 부정적인 표현 속에서는 독소가 느껴진다. 그 독소가 닿는 곳에는 상처와 파괴가 일어난다. 앞에서 고른 5개의 부정적인 단어를 앞으로는 긍정적인 단어로 바꾸어 사용해보자.

긍정적인 사고가 긍정적인 결과를 이끌어낸다는 것은 여러 조사와 연구를 거쳐 입증되고 있다.

그러면 구체적으로 무엇을 긍정적으로 생각하자는 것일까? 자기 자신, 다른 사람, 자신이 처한 상황, 자신이 하는 일을 긍정적으로 바라보는 것이 '긍정적 사고'이다.

자기 자신을 긍정적으로 대하라!

한 국제단체가 아시아 6개국 20세~59세 여성 1만 2천명을 대상으로 '아시아 여성 외모에 대한 만족도'를 조사한 연구가 있다. 이에 따르면 홍콩 여성의 만족도는 42.2%, 중국은 55.8%, 싱가포르는 57.8%, 말레이시아는 61.8%, 태국은 73.5%이다.

그러면 우리나라 여성의 외모 만족도는 어느 정도나 될까? 겨우 21.3%에 불과하다. 다른 나라의 절반에 불과한 수준이다. 왜 우리나라 여성들의 외모에 대한 만족도가 이렇게 낮은 것일까? 우리나라 여성들은 다른 나라 여성들보다 성형수술도 많이 하고, 화장품 소비도 많다.

그럼에도 불구하고 왜 이렇게 외모에 대한 만

족도가 낮을까?

우리나라의 자살률은 OECD 국가 중 1위이다. 청소년의 사망 원인 1위도 '자살'이다. 2위가 교통사고인데, 자살은 그 두 배나 된다. 지금도 하루에 35명이 자살을 하고 있다. 성인이나 청소년 모두 자살률이 이처럼 높은 것은 자기 자신에 대해 부정적이기 때문이다.

자신의 외모에 대해 부정적이다 보니 화장을 심하게 하게 되고 성형수술도 많이 하게 된다. 나아가 자신의 존재 자체에 대해 부정적이다 보니 '자살'이라는 극단적인 선택을 하게 된다. 이러한 현상이 나타나게 된 것은 '외모'를 지나치게 중시하고, 자신과 남을 '비교하는' 경향이 팽배해 있는 우리 사회의 분위기 때문이다. 특히 성적에만 집착하는 학교 교육이 청소년 시절부터 자신과 남을 상대적으로 비교하고 평가하도록 '체험학습'시키고 있기 때문이기도 하다.

결국 이 모든 문제의 뿌리에는 자존감의 문제

가 있다.

　'자존심'은 다른 사람과 자신을 상대적으로 비교하려는 생각에서 생긴다. 사실과 상관없이 자신이 남보다 잘났다고 생각하는 것이 자존심이다. 자존심이 강한 사람은 다른 사람이 자신을 무시한다고 느낄 때 과격해진다. 자존심이란 열등감에서 나온다.

　'자존감'은 다르다. 자존감은 자신에 대한 절대적인 평가에서 나온다. 자신의 가치를 남과 비교하지 않고 스스로 평가하고, 자신의 가치를 제대로 인정하기에 자신을 사랑하고 자신을 믿는다. 이것이 중요하다. 사소한 차이 같지만 자존심을 갖고 있는가, 아니면 자존감을 갖고 있는가에 따라 삶을 대하고 타인을 대하는 태도는 하늘과 땅처럼 달라진다.

　자존심이 강한 사람은 자신의 결점을 남들이 눈치챌까봐 늘 긴장하고 다른 사람과 자신을 비교하느라 항상 피곤하다. 늘 불안하고 초조하고 쫓기는 느낌에 사로잡혀 전전긍긍한다.

그러나 자존감이 있는 사람은 늘 평안하고 여유롭고 관대하다.

물론, 자존감이 있는 사람도 비교할 상대가 있는데 그건 바로 '어제의 나'이다. 어제의 나와 오늘의 나를 비교하는 것은 다른 사람과 나를 비교하는 것과는 근본부터 다르다. 그것은 스트레스를 주기보다는 반성과 다짐을 주기 때문에 결과적으로 자존감을 더 높여주는 과정이 된다. 긍정적 사고는 다른 무엇보다도 자기 자신을 존귀하게 여기는 것에서 출발한다.

다른 사람을 긍정적으로 대하라!

자신의 가치를 잘 알고 자신을 존귀하게 여기는 사람은 다른 사람도 존귀하게 여길 줄 안다.

자신을 존중하지 않는 사람은 다른 사람 역시 존중하지 않는다.

김춘수님의 시 '꽃'을 음미해 보자.

'내가 그의 이름을 불러 주기 전에는
그는 다만 하나의 몸짓에 지나지 않았다.
내가 그의 이름을 불러주었을 때
그는 나에게로 와서 꽃이 되었다'

다른 사람을 '몸짓'으로 보지 않고 '꽃'으로 여겨주는 것이 다른 사람을 존중하는 것이다.

'미움의 안경'을 쓰고 보면 똑똑한 사람은 잘난 척하는 것처럼 보이고, 착한 사람은 어수룩해 보이고, 얌전한 사람은 소극적으로 보이며, 활기찬 사람은 까부는 것처럼 보이고, 잘 웃는 사람은 실없어 보이고, 듬직한 사람은 둔하게 보인다.

그러나 '사랑의 안경'을 쓰고 보면 잘난 척하

는 사람은 똑똑해 보이고, 어수룩한 사람은 착
해 보이며, 소극적인 사람은 얌전해 보이고, 까
부는 사람은 활기 있어 보이고, 실없는 사람은
밝아 보이고, 둔한 사람은 든든해 보인다.

　다른 사람을 존중하는 첫 걸음은 상대방을 인
정하는 것이다. 다른 사람을 존중하지 않는 가
장 쉬운 방법이 상대방의 존재를 무시하는 것이
다. 우리가 일상생활 속에서 하는 인사가 바로
상대방의 존재를 인정하는 표현이다. 누군가 자
신을 향해 인사를 해줄 때, 상대방은 자신의 존
재가 인정받고 있음을 느끼게 된다.

　긍정적인 사람은 다른 사람을 자신과 함께 살
아가는 동반자로 인정한다. "너 죽고 나 살자"
가 아니라 "너도 살고 나도 살자"란 인식이 바
로 긍정적인 사고이다.

　가정과 직장과 사회, 학교에서 다른 사람을
경쟁자가 아니라 이 세상을 함께 살아가는 동반

자로 인정하고 존중할 때 나 역시 행복해질 수 있다.

긍정적인 사회는 '인정'과 '존중'이라는 토대 위에 서 있다.

당면한 상황을 긍정적으로 바라보라!

"장군님, 우리가 적군에게 완전히 포위되었습니다."

전투 중 한 병사가 장군에게 급하게 보고했다. 그런데 이 같은 보고를 받고도 장군은 느긋하게 말했다.

"그래, 우리는 완전히 포위되었다. 그러나 덕분에 문제가 간단해졌다. 이제 우리는 모든 방향으로 공격할 수 있게 됐다!"

태평양 전쟁 당시 전설적 영웅이던 미국 해병대 체스티 장군의 실화이다. 상황은 그 자체로

좋고 나쁨이 없다. 다만 그 상황을 좋은 것으로, 혹은 나쁜 것으로 보는 우리의 관점이 있을 뿐이다. 동일한 상황이지만 어떻게 보느냐에 따라 좋은 상황이 될 수도 있고 나쁜 상황이 될 수도 있다. 하지만 중요한 것은 긍정적인 마음으로 상황을 바라볼 수 있어야 승리할 수 있다는 것이다. 앞의 상황에서 체스터 장군의 부대는 어떻게 됐을까? 독자 여러분이 이미 그 답을 알고 있을 것이다.

흔히 인용되는 예화이지만, '컵에 담긴 물' 이야기가 있다. 여기, 물이 반쯤 담겨 있는 컵을 보고 한 사람은 "물이 반밖에 없다"며 불안해하고, 다른 한 사람은 "아직 물이 반이나 남아 있다"며 만족해 한다.

또 다른 예를 하나 보자. 먹음직한 도넛이 하나 있다. 어떤 사람은 도넛의 텅 빈 가운데 부분을 보며 먹을 것이 별로 없다고 아쉬워하지만,

다른 이는 링처럼 둥근 바깥 부분을 보면서 먹음직스럽다고 만족해한다.

감옥에 갇힌 두 사람이 있다. 한 사람은 자신과 외부 세계를 격리시키는 쇠창살을 바라보며 낙심하고 좌절하지만, 또 한 사람은 좁지만 창살 밖으로 보이는 푸른 하늘을 바라보며 출소 후 살아갈 계획을 세운다.

동일한 상황에 있지만 어떻게 생각하느냐에 따라 결코 동일한 상황이 아닐 수 있다는 뜻이다. 'Nowhere'라는 글자를 보고 'No where'로 읽는 사람이 있는가 하면, 'Now here'로 읽는 사람도 있다. 긍정적인 사람은 긍정적인 부분을 먼저 바라본다. 이것이 중요하다.

성공할 확률이 70%인 사업이 있다고 말하면 많은 이들이 그것을 해보자고 달려든다. 그러나 실패할 확률이 30%인 사업이 있다고 말하면 많은 사람들이 주저한다. 똑같은 상황인데도 어느

쪽에 주목하느냐에 따라 행동이 달라진다.

유럽으로 향하는 비행기가 기상 악화로 흔들리고 있었다. 창밖에서는 간헐적으로 천둥소리까지 들렸다. 대부분의 탑승자들이 불안해하고 있었다. 그런데 그 가운데 오직 한 사람, 귀에 리시버를 꽂은 중년여성은 웃고 있었다. 그녀는 지금 비행기에서 제공하는 코미디 방송에 빠져 있기때문에 다른 사람들의 불안해 하는 상황을 알지 못하고 있었다. 어디에 리시버를 꽂고, 어디에 귀를 기울이고 사느냐에 따라 표정이 달라진다.

'3M'이라는 기업에서 새로운 타입의 풀(paste)을 개발하기로 했다. 많은 돈을 투자했고 많은 사람들을 동원했지만 성과가 시원찮았다. 새로 개발한 풀의 접착력이 약해 붙여도 쉽게 떨어지곤 했다. 난감했다. 잘 붙지 않는 풀이

도대체 무슨 소용이 있겠는가?

그때 한 직원이 작은 종이에 이 풀을 발라 성경과 찬송가에 붙였다 떼었다를 거듭하면서 책갈피용 스티커로 만드는 데 그 풀이 필요할지도 모른다는 아이디어를 냈다. 이것이 오늘 우리가 애용하는 포스트 잇이다. 풀 개발의 실패(?)로 3M은 그야말로 대박이 난 것이다.

에디슨은 전구를 발명하면서 2천 번 이상 실패했다. 기자가 그에게 '2천 번의 실패'에 대해 묻자 에디슨은 그 질문을 '전구를 만드는 2천 번의 단계'로 정정해주었단다. 그러면서 자신은 전구가 만들어질 수 없는 사례 2천 가지를 발견해냈을 뿐이라고 대답했단다.

놀라운 관점의 차이가 아닌가? 긍정적인 사람은 실패조차도 바라보는 관점이 다르다.

"하나의 문이 닫히면, 또 다른 하나의 문이 열린다(When one door shuts, another opens)"는 말이

있다. 성공과 실패는 동전의 앞뒷 면과 같다. 어떻게 바라보느냐에 따라 성공이 실패가 되기도 하고 실패가 성공이 되기도 한다.

우리는 실패했을 때 "내가 실패했나?"라고 묻지 말고 "다음엔 뭘 해야 하지?"라고 물어야 한다. 아디스 휘트먼(Ardis whitman)의 말이다.

미국의 베스트셀러 작가이자 목회자인 로버트 슐러는 이렇게 말했다.

"실패는 하나님께서 그대를 버렸다는 것을 의미하지 않는다. 그것이 진정으로 의미하는 것은 하나님께서 그보다 더 좋은 생각을 갖고 계신다는 것이다."

미국항공우주국(NASA)이 달 착륙 우주선인 아폴로 11호에 탑승할 우주인을 모집했다. 1단계 테스트에서 수천 명이 시험을 통과했고, 2단계 테스트에서는 인생에서 심각한 실패를 경험한 사람과 그 실패를 슬기롭게 극복한 사람만이 통과했다. 미 항공우주국에서는 한 번도 실패를 경험해본 적이 없는 사람보다 실패를 경험하고 다시 일어선 사람을 더 강하고 뛰어난 사람이라고 본 것이다.

인터넷 소매업체인 마더네이처(Mothernature)는 간부 사원을 채용하면서 특이한 조건을 제시했다. 그것은 "이전 직장에서 의사결정과 관련하여 뼈아픈 실수를 경험한 적이 있어야 한다"는 것이었다. 마더네이처가 이런 채용 조건을 내건 이유는, 실패라는 뼈저린 아픔을 경험해본 사람만이 진정한 성공을 거둘 수 있다고 보았기 때문이다.

"실패는 성공의 어머니"라는 말이 있다. 여기서 '실패'란 단순한 '실패'를 의미하지 않는다. 성공의 어머니가 되는 '실패'는 실패라는 경험을 창조적으로 이용할 줄 아는 긍정적인 태도를 가진 실패자에게만 해당되는 말이기 때문이다.

'상황'이 우리를 행복하거나 불행하게 만드는 것이 아니다. 핵심은 우리가 그 상황에 어떻게 반응하고 대응하느냐 하는 것이다.

영국의 명문 옥스포드대학 졸업식에 온 당시 영국수상 처칠이 한 강연에 이런 유명한 말이 있다.

"Never, never, never give up!"

"결코, 결코, 결코 포기하지 마십시오!"

실패는 성공의 리허설(Failures are rehearsals for success)일 뿐이다. 우리의 삶에서 결코 실패란 없다. 다만 포기가 있을 뿐이다.

그러므로 우리는 어떤 상황에서도 포기하지 말고 긍정적으로 바라봐야 한다. 실패란 성공으로 가는 하나의 과정일 뿐이기 때문이다.

지금 하는 일을 긍정적으로 바라보라!

우리나라의 근로자는 세계에서 가장 오랜 시간 동안 일을 한다고 한다. 그렇지만 일을 통한 성취감은 가장 낮은 편이란다. 1인당 생산성도 미국 근로자의 68% 수준에 지나지 않는다. 우리나라 직장인들이 업무에서 발휘하는 창의력은 60.3%이다. 그나마 자신의 업무에 완전히 몰입하여 일하는 비율은 6%에 불과하다. 직장인 업무몰입도의 세계 평균은 21%이다. 업무에 몰입하지 않거나 마지못해 회사에 다니는 직장인의 비율은 48%로 세계 평균 38%보다 10%나 더 높다. 세계에서 가장 오랜 시간 동안 일을 하면서도 생산성은 왜 이리 낮은 걸까요? 세계에서 가장 오랜 시간 동안 일을 하면서도 성취감은 왜 이리 낮은 걸까요?

우리나라의 교육열은 세계적이다. 그럼에도 불구하고 세계 최고의 학력은 핀란드 학생들이 차지한다. 우리나라 청소년들은 핀란드 학생보다 두 배나 오랜 시간 공부를 하면서도 왜 1위를 차지하지 못할까?

일을 잘 하는 사람과 공부를 잘 하는 사람, 고스톱을 잘 치는 사람의 공통점은 무엇인지 아는가? 정답은 "즐긴다"이다. 우리나라 직장인들이 세계에서 가장 오랜 시간 일을 하면서도 생산성이 낮고, 우리나라 청소년들이 핀란드 학생보다 배나 오랜 시간 공부를 하면서도 1위를 못하는 이유는 일이나 공부를 '재미없게' 하기 때문이라고 생각한다.

"나는 단 하루도 열심히 일한 적이 없다. 다만 늘 일을 즐겼다."

에디슨의 말이다.

"좋아하는 일을 찾으라. 그러면 당신은 평생 단 하루도 일할 필요가 없다."

하비 맥케이의 말이다.

"일을 할 때 첫째 전제는 지루하거나 재미가 없으면 안 된다는 것이다. 무조건 재미있어야 한다. 일할 때 재미가 없으면 당신은 인생을 낭비하고 있는 것이다. 인생을 낭비하지 말라. 즐겨라! 그러면 저절로 아이디어가 떠오른다."

톰 피터스의 조언이다.

우리가 1분 동안 재미없이 일을 한다면 그것은 내 삶의 60초를 낭비하는 것이다.

무엇이든 하기 싫은데 억지로 하면 할 수 없다는 마음이 생기고 포기하거나 미루고 싶은 생각이 들게 마련이다. 그런 생각을 가지고 일을 하면 결국 일 자체가 부담스러워서 성공할 확률이 낮아진다.

그러나 하고 싶은 일을 하면 할 수 있다는 자신감이 생기고, 노력하고 싶고, 성공하고 싶은 마음이 일어난다. 이렇게 의욕적이고 즐겁게 일을 하니 성공할 확률은 당연히 높아질 수밖에 없다.

누군가가 시켜야 일을 하는 부정적인 태도를 '작동형(作動型)'이라고 하자. 그러면 스스로 하는 긍정적인 태도는 '동작형(動作型)'이라고 할 수 있다. 작동형은 노예처럼 시키는 일만 하지만 동작형은 스스로 일을 찾고 일을 만들어서 한다. 그러니 그것이 공부든 일이든 동작형이 더 잘할 수밖에 없다.

긍정적인 사람은 일을 대하는 태도가 다르다. 어떤 일이든 즐겁게 기꺼이 적극적으로 한다. 그러니 우리도 자세를 긍정적으로 바꾸어야겠지요! 이것이 일을 잘하고 공부를 잘하는 비결이다. 이것이 성공의 비결이고 행복해지는 비결이다.

긍정적 사고란 구체적으로 우리 자신과 우리 이웃을 긍정적으로 대하는 것이다. 그리고 우리가 처한 상황과 당면한 일을 긍정적으로 대하는 것을 말한다. 우리 자신과 이웃, 우리가 처한 상황과 당면한 일을 부정적인 눈으로 본다면 그 어떤 일도 성공할 수 없다. 우리의 신념이 긍정적이냐 아니냐에 따라 우리의 인생은 달라질 수 있다.

자신과 세상을 긍정적인 눈으로 바라보자!

2
긍정적 사고와 신앙의 차이점

영화 '믿음의 승부'는 무명의 고등학교 럭비 팀이 신앙적인 체험을 통해 놀랍게 실력이 향상 되고 우승까지 하게 된다는 이야기를 그리고 있 다. 이 영화는 실화를 바탕으로 만들어졌는데, 특히 기억에 남는 장면이 연속된 패배로 좌절에 빠져 있던 선수들을 감독이 격려하는 부분이다.

영화에서 선수들은 강팀과의 경기를 앞두고 도저히 자신들은 상대팀을 이길 수 없다는 생각을 한다. 고민하던 감독은 주전 선수를 불러 두 눈을 가리고 엎드려 경기장을 기어가도록 한다. 그것도 선수 한 명을 등 위에 태운 채로.

도저히 할 수 없는 일을 시키면서 감독은 선수가 쓰러질 때마다 "넌 할 수 있다"며 일으켜 세우고, 어디까지 왔는지를 보지 못하는 선수는 젖먹던 힘까지 다 쏟아내며 경기장을 기어간다.

마침내 주전 선수는 지쳐서 쓰러지고 만다.

하지만 눈을 가렸던 수건을 걷어내는 순간, 기적이 일어난다. 주전 선수는 자신이 기어서 경기장 끝까지 왔음을 알고는 자신의 능력에 스스로 놀라워하고, 나머지 선수들도 역시 눈앞에 펼쳐진 상황을 도무지 믿을 수 없어 한다. 이때 감독은 선수들에게 이렇게 말한다.

"하나님께서 네게 주신 달란트를 아낌없이 발휘하자!"

이후 경기 때마다 위기가 찾아오고 그때마다 감독은 선수들에게 자신감을 심어준다.

"네가 공을 차는 것이 아니라 하나님이 차 주신다. 너는 못 하지만 하나님이라면 하실 수 있다!"

"귀신이 자주 아이를 죽이려고, 불 속이나 물 속에 내던지기도 하였습니다. 할 수만 있다면, 불쌍히 여기시고 도와 주십시오."

예수님께서 그에게 말씀하셨습니다.

"'할 수만 있다면'이 무슨 말이냐? 믿는 사람에게는 모든 것이 가능하다."

소년의 아버지가 즉시 소리쳤습니다.

"제가 믿습니다! 제 믿음 없는 것을 도와 주십시오!"

예수님께서 많은 사람들이 달려와 모여드는 것을 보시고 더러운 귀신을 꾸짖으셨습니다.

"이 듣지 못하고, 말 못하게 하는 귀신아, 내가 너에게 명령한다. 소년에게서 나와 다시는 들어가지 마라!"

더러운 귀신은 소리를 지르고, 소년에게 경련을 일으키게 하고 나갔습니다. 소년은 마치 시체처럼 되었습니다. 그래서 사람들이 "죽었다!"라고 말했습니다.

그러나 예수님께서 손을 잡고 일으키자, 소년이 일어났습니다.(마가복음 9장 22~27절)

우리는 할 수 없으나 하나님께서는 하실 수 있다.

예수님께서 말씀하셨습니다. "사람으로는 할 수 없는 것을 하나님께서는 하실 수 있다."

(Jesus replied, What is impossible with men is possible with God)(누가복음 18장 27절).

예수님께서 그들을 보시며 말씀하셨습니다. "사람은 할 수 없지만, 하나님께서는 모든 것을 하실 수 있다."

(Jesus looked at them and said, "With man this is impossible, but with God all things are possible)(마태복음 19장 26절).

하나님의 능력에 힘입어 우리는 모든 것을 할 수 있다. 그것은 나의 힘이 아니라 하나님의 능력이다.

내게 능력 주시는 그리스도를 통하여 나는 모든 것을 할 수 있습니다.

(I can do everything through him who gives me strength)(빌립보서 4장 13절).

"하나님께서는 하지 못하실 일이 없다"

(For nothing is impossible with God)(누가복음 1장 37절).

우리는 이를 '믿음' 또는 '신앙'이라고 말한다.

긍정적 사고를 통해 우리는 우리의 인생을 보다 풍요롭게 만들 수 있다. 우리 자신과 다른 사람, 그리고 우리가 처한 상황과 당면한 문제들을 보다 긍정적으로 바라본다면 우리는 더 많은 일을 성공적으로 이뤄나갈 수 있다.

그러나 우리가 여기서 잘 알아야 할 것이 두 가지 있다.

첫째, 긍정적 사고는 그것이 하나님의 뜻에 맞을 때에만 빛이 난다는 사실이다.

그리스도인들은 무엇을 구하기 전에 그것이 하나님의 뜻에 맞는 지를 살펴봐야 한다. 우리의 뜻보다는 하나님의 뜻에 중심을 두고, 하나님의 뜻을 먼저 추구해야 한다. 주님의 말씀에 기초한 긍정적 사고를 추구해야 한다.

둘째, 긍정적 사고가 전지전능한 건 아니라는 사실이다.

그동안 한국교회에는 '긍정'과 관련된 여러 책들이 봇물처럼 쏟아져 들어오면서 긍정적 사고 자체를 하나의 '신앙처럼' 받아들이는 분위기가 팽배해 있다. 교회뿐만 아니라 일반사회에서도 거부감 없이 받아들여질 정도로 이러한 책들은 인기를 얻었다.

그러나 긍정적인 사고는 성공으로 인도하는 하나의 성품일 뿐 그 자체가 특별한 능력을 가진 것은 아니다. 긍정적 사고는 하나의 신념일 뿐이다. 긍정적 사고의 뿌리는 "예스 아이 캔!(Yes, I can)"이라고 하는 자신감이다. 그러나 무조건 "예스 아이 캔!"을 수백 번 외친다고 해서 갑자기 무엇이 이뤄지는 건 아니다.

인간의 힘에는 한계가 있다. 할 수 있는 것과 할 수 없는 것이 있다. 그렇기 때문에 우리는 더 큰 하나님의 능력을 추구해야 한다. 신앙이 밑받침이 된 상태에서 외쳐지는 "예스 아이 캔!"이어야 한다. 그래서 그리스도인은 "예스 아이 캔!"을 "예스 지저스 캔!(Yes, Jesus can)"으로 바꿔 외쳐야 한다.

그리스도인은 "할 수 있거든이 무슨 말이냐. 믿는 자에게는 능히 하지 못할 일이 없느니라"는 주님의 말씀을 믿는 사람이다. 그리스도인은 "내게 능력 주시는 자 안에서 내가 모든 것을 할 수 있느니라"는 말씀을 믿고 주님의 뜻을 헤아리며 주님께서 주시는 능력으로 '모든 일'을 하려는 사람이다. 긍정적 사고는 신앙의 토양이며 감사를 발견하게 해주는 문(門)일 뿐, 신앙의 대상이 될 수는 없다.

02

감사로 살아가기

—

성경에서 가장 자주 등장하는 단어는 '감사'일 것이다. 그리스도인이 신앙생활을 하면서 가장 많이 듣고 말하는 단어 역시 '감사'일 것이다. 소금과 빛으로서의 삶을 제대로 살지는 못하지만, 그래도 일상에서 그리스도인들만큼 "감사합니다"라는 말을 많이 하는 사람도 없을 것이다.

성경은 곳곳에서 감사를 당부하고 있다. 성경은 감사가 하나님의 뜻이라고 강조하고 있다.

항상 즐거워하십시오. 쉬지 말고 기도하십시오. 모든 일에 감사하십시오. 이것이 그리스도 예수 안에서 여러분을 향한 하나님의 뜻입니다.(데살로니가전서 5장 16~18절).

'감사'에 관한 이야기를 하자면 아무래도 남아프리카 공화국의 넬슨 만델라와 미국의 여성 앵커 오프라 윈프리를 빼놓을 수 없다.

넬슨 만델라는 '21세기의 성자'라고 불릴 정도로 세계인으로부터 존경을 받는 인물이다. 그러나 그는 흑인이라는 이유로 삶의 3분의 1인 27년을 감옥에서 보냈고 70세가 돼서야 비로소 출소할 수 있었다. 하지만 출소한 지 3년 후에는 아프리카민족회의(ANC)의 의장이 되었고, 5년 후에는 노벨 평화상을 받았으며, 6년 후에는 남아프리카공화국 최초의 흑인 대통령이 되었다. 그리고 그는 사상 처음으로 월드컵 축구대회를 2010년도에 남아프리카공화국에 유치하기도 했다.

27년의 옥고를 치르고 출소하는 그에게 전 세계의 매스컴이 주목했다. 한 기자가 그의 건강한 모습에 놀라 비결을 묻자 만델라는 이렇게 대답했다.

"나는 감옥에서 늘 하나님께 감사했습니다. 하늘을 보고 감사하고, 땅을 보고 감사하고, 물을 마시며 감사하고, 음식을 먹으며 감사하고,

강제 노동을 하면서 감사했습니다. 늘 감사했기에 이처럼 건강을 지킬 수 있었습니다."

오프라 윈프리는 미국에서 교황 다음으로 영향력있는 인물이다. 그녀는 원래 미혼모의 딸로 할머니의 손에서 자랐다. 그러나 14세에 삼촌에게 성폭행을 당해 자기 역시 미혼모가 되고 만다. 설상가상으로 그렇게 태어난 아이마저 죽자 절망한 그녀는 가출과 마약 복용 등 자포자기의 삶을 살아가게 된다.

그런 그녀에게 양아버지가 생긴다. 양아버지는 윈프리에게 지금까지 누구도 가르쳐주지않은 새로운 삶을 가르쳐 준다. 그 덕분에 윈프리는 새로운 생활을 시작하게 되었고, 방송국에 취업하여 결국 유명 앵커가 된다. 그녀는 오늘도 세계 토크쇼의 여왕으로 막강한 영향력을 발휘하고 있으며, 6억 달러의 재산을 가진 부자가 되어 아프리카 돕기 등 선한 일에 힘쓰고 있다.

삶을 포기하고 싶었던 악조건 속의 그녀가

어떻게 이렇게 변화할 수 있었을까? 그것은 그녀에게 새로운 삶을 가르쳐준 양아버지 덕분이었다.

양아버지는 그녀에게 과연 무엇을 가르쳐주었을까?

그 비밀은 두 가지이다.

첫째는 성경 말씀을 날마다 노트에 적는 것이었고, 다른 한 가지는 그날 하루 중 고마웠던 일의 제목 3가지를 날마다 노트에 적는 것이었다. 어찌 보면 극히 간단한 일처럼 보이지만 윈프리는 그 간단한 일을 통해 인생의 밑바닥에서 다시 일어나 세계적인 영향력을 지닌 인물로 우뚝 설 수 있었다.

넬슨 만델라와 오프라 윈프리를 통해 볼 수 있듯이, '감사'의 힘은 실로 엄청나다. 그래서 사람들은 감사는 기쁨을 낳고 기적을 낳는다고 고백한다. 더 나아가 감사는 다시 감사를 낳

기도 한다. 스펄전 목사는 "불행할 때 감사하면 불행이 끝이 나고, 형통할 때 감사하면 형통이 다시 찾아온다"고 했다.

'감사'를 생각하면 시편 23편의 "주님께서 원수들이 보는 앞에서 내게 식탁을 차려 주십니다. 그리고 주님께서 내 머리 위에 향기로운 기름을 바르시며 내 잔이 넘치도록 가득 채워 주십니다."라는 말씀이 떠오른다. 감사는 '긍정이라는 잔'이 "넘쳐난다"는 개념이다. "감사는 긍정의 극치요, 믿음의 결정(結晶)"이다.

감사는 긍정적 신념을 뛰어넘는 가장 적극적인 신앙 상태이다. 그리스도인이라면 당연히 항상 기뻐하고 쉬지 말고 기도하며 범사에 감사해야 한다. 그렇게 감사는 우리를 원숙한 신앙의 삶으로 인도해줄 것이다.

그러나 세상 모든 일이 그렇듯이 감사에도 연습과 훈련이 필요하다. 범사에 감사하기 위해서는 더욱 그렇다. 독자들에게 오프라 윈프리의 감사일기 하루치를 소개한다.

1. 오늘도 거뜬하게 잠자리에서 일어날 수 있어서 감사합니다.
2. 유난히 눈부시고 파란 하늘을 보게 하여 주셔서 감사합니다.
3. 점심 때 맛있는 스파게티를 먹게 해주셔서 감사합니다.
4. 얄미운 짓을 한 동료에게 화내지 않고 참을 수 있도록 참을성을 주셔서 감사합니다.
5. 좋은 책을 읽었는데, 그 책을 펴낸 작가에게 감사합니다.

그의 감사일기 내용은 우리도 동일하게 갖고 있는 감사조건들이고, 누구나 기록할 수 있는 것들이다. 이런 일상의 작은 감사를 기록하는 것과 하지 않는 것의 차이가 엄청나다는 것을 오프라 윈프리는 자신의 삶을 통해 증명하고 있다.

요즘은 스마트폰이나 컴퓨터에 기록하는 것을 이야기들 하지만, 사실 지속성을 위해서나 좋은 습관을 기르기 위해서는 직접 펜을 사용해서 수첩에 기록하는 것이 여러 가지 면에서 좋은 방법임을 경험적으로 이야기 하고 싶다.

제1단계는 감사의 발견

이것은 "내게 오늘 이런 고마운 일이 있었구나" 하고 하루 중 고마웠던 일들을 생각해 내는 과정이다.

제2단계 고마움의 표현

감사를 발견하고 나서 그 고마운 일을 만들어준 사람들에게 고마움을 표현하는 과정이다.

제3단계 감사거리 만들기

제2단계에서 한걸음 더 나아가 누군가에게 감사가 될 수 있도록, 누군가에게 감사 거리를 만들어주는 과정이다.

사실은 제1단계도 지속적으로 실천하기란 그리 쉽지 않다. 꾸준히 노력해야 한다. 그리고 이를 토대로 제2단계와 제3단계로 나아가기 위해 애를 써야 한다. 늘 제1단계에만 머물러 있으면 감사생활이 성숙되기 어렵다. 내가 받은 것만 찾는 데서 그치기 때문이다. 받은 것을 찾았으면 그 대상에게 고마움을 표현할 줄 알아야 한다. 하나님께, 다른 사람에게 고마움을 적극적으로 표현하는 것이 제2단계다. 나아가 이제는 다른 사람에게 고마운 일을 만들어주는 것이 제3단계다. 내가 받은 것을 되돌려주는 것이다. 그래야만 다른 사람들도 감사일기를 쓸 수 있기 때문이다.

제1단계를 충실히 해나가면서 점차 2~3단계로 발전시켜 간다면 우리의 삶에도 분명히 밀레의 '만종'에 담긴 감사와 평안이 깃들 것이다. 그리고 주님이 우리에게 약속하신 변화와 기적이 여러분의 감사일기에 담기게 될 것이다.

감사일기를 쓰자.

감사일기 쓰기는 불평 불만이 가득한 이 시대를 살아가는 현대인들에게 긍정적인 세계관을 갖게 해줄 것이다. 나아가 일상에서 감사를 발견하고, 하나님과 이웃에게 감사를 표현하고, 이웃에게 사랑을 베풂으로써 이 땅에 하나님의 뜻을 구현하고 이웃으로부터 존경받는 성숙한 그리스도인이 될 것이다.

그럼 이제부터 감사일기 쓰기 3단계를 좀 더 구체적으로 알아보자.

1단계

감사찾기

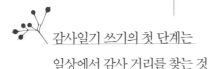

감사일기 쓰기의 첫 단계는
일상에서 감사 거리를 찾는 것

감사일기를 처음으로 쓸 때 사람들이 가장 어
려워하는 것은 감사할 일을 찾아내는 것이다.
아무리 생각해도 그날 하루 동안 고마워할 만한
일을 찾아낸다는 것이 그리 쉽지 않다. 하지만

이것은 정말로 고마운 일이 없어서가 아니라 해 보지않았기 때문에 찾아내기가 힘들다.

이를 '감사 색맹'이라고 한다.

감사 색맹에게는 감사할 거리가 아예 안 보인다. '감사 약시'는 감사를 보고 싶어도 못 본다. '감사 근시'에게는 눈앞의 감사만 보인다.

'감사 원시'는 남의 감사는 보이는데 자기 감사는 잘 안 보인다. '감사 난시'는 간신히 감사를 보기는 보는데 흐릿하고 선명치가 않다.

'감사 짝시'는 한쪽 감사만 본다. '감사 착시'는 감사의 핵심을 못 본다. 이들의 공통점은 감사를 제대로 보지 못한다는 것이다.

로버트 슐러 목사는 "하루에도 수백만 가지의 기적이 일어나지만, 그 기적을 기적으로 믿는 사람에게만 기적이 된다"고 했다. 이 말을 이렇게 패러디해 볼 수 있다. "하루에도 수백만 가지의 감사한 일이 일어나지만, 그 감사한 일을 감사한 일로 믿는 사람에게만 감사한 일이 된다."

왼쪽 팔은 왼쪽 어깨 위로 하고, 오른쪽 팔은 오른쪽 옆구리에 놓고 두 손이 등 뒤에서 만나도록 해보자. 아마 대부분 잘 안 닿을 것이다. 자주 안 쓰던 근육을 움직이려니 안 되는 것이다. 그렇지만 자주 연습을 한다면 두 손이 만나게 될 것이다.

감사일기 쓰기가 어려운 이유도 이와 비슷하다. 평소 감사거리를 찾아보지 않다가 갑자기 찾으려니 잘 안 보이는 것이다. 약한 근육에 힘을 기르는 가장 좋은 방법은 꾸준히 연습하는 것이다. 감사일기 쓰기의 목적은 하루도 거르지 않고 빽빽하게 쓰는 '일기장' 자체가 아니다. 그보다는 일기쓰기 과정을 통해 수많은 일 가운데에서 '감사 거리'를 생각하며 찾아내고 그것을 기록으로 남겨 기억하는 태도와 능력을 기르는 데 있다. 하루에도 수백만 가지의 감사한 일이 일어나지만 그것을 찾아서 감사한 일로 믿는 사람에게만 감사한 일이 되기 때문이다. '감사의 색안경'을 쓰고 세상을 바라보면 감사한 일이 더 많이 보일 것이다.

그럼 이제부터 감사를 발견하는 방법을 소개하려고 한다.

돋보기로 내 일상을 상세히 들여다보자

돋보기로 내 삶을 확대해 들여다보며 받은 복을 세어보는 것이다. 아침에 일어나 일기를 쓰는 지금 이 순간까지 누구를 만나 어떤 일을 하면서 어떻게 지내왔는지를 시간대별로 정리해보자. 그 가운데 고마운 일, 고마운 사람이 없었는지 살펴보자.

●지금 이 시간 이전까지의 일과를 자세히 한번 적어
보자. 오늘 나는 누구를 만났는지, 어떤 일을 하였는
지 시간대별로 정리해보자. 만난 사람 중에는 아는
사람도 있고 모르는 사람도 있을 수 있다. 또는 특정
한 사람도 있고 불특정한 사람들도 있을 수 있다. 한
일 중에는 보이는 일도 있고, 안 보이는 일도 있을
수 있다. 모두 기억을 되살려 기록해보자.

오늘 내가 만난 사람들, 스쳐간 사람들

❶

❷

❸

❹

❺

오늘 내가 한 일들

❶

❷

❸
....

❹
....

❺
....

● 오늘 일과 중에서 고마운 일, 고마운 사람이 없었
는지 살펴보고 생각나는 대로 적어보자.

....

....

....

....

....

....

....

....

....

망원경으로 내 인생 전체를 조망해보자

태어나 오늘에 이르기까지 어떻게 살아왔는지 살펴보자.

●이력서처럼 연대 순으로 자세히 써보자. 가정, 학교, 직장, 교회, 사회, 군대 등으로 영역을 나눠서 정리해보자.

일시	구분	일어난 일들

●앞의 이력서를 토대로 내 인생에서 가장 즐겁고 기뻤던 일과, 가장 슬프고 안타까웠던 일을 생각나는 대로 아래에 적어보자.

가장 즐겁고 기뻤던 일

❶

❷

❸

❹

❺

❻

❼

❽

❾

❿

가장 슬프고 안타까웠던 일

❶

❷

❸ ....

❹ ....

❺ ....

❻ ....

❼ ....

❽ ....

❾ ....

❿ ....

●위의 이력서를 토대로 내 인생에서 내게 가장 고마
운 사람과 나를 가장 힘들게 한 사람의 이름을 생각
나는 대로 아래에 적어보자.

내 인생에서 가장 고마운 사람

❶ ....

❷ ....

❸ ....

❹ ....

❺ ....

⑤
....

⑥
....

⑦
....

⑧
....

⑨
....

⑩
....

나를 가장 힘들게 한 사람

❶
....

❷
....

❸
....

❹
....

❺
....

❻
....

❼
....

❽
....

❾
....

❿
....

●내 인생에서 가장 슬프고 안타까웠던 일, 그리고 내 인생에서 나를 가장 힘들게 한 사람을 오늘의 관점에서 바라보자. 그 일, 그 사람이 내 인생에 어떤 긍정적인 의미를 주는지 생각해보자. 아울러 오늘 하루의 일과가 1년 후, 5년 후, 10년 후 어떤 일로 기억될 것인지 생각해보자.

하나님의 관점에서 세상을 바라보자

누가 봐도 당연히 고마운 일이라면 쉽게 감사할 수 있다. 그러나 자신에게 일어나는 모든 일에 대해 감사하기란 결코 쉽지 않다. 더구나 불행한 일이 벌어졌을 때 그것을 놓고 감사하기란 정말이지 쉽지 않다.

그렇지만 세상의 일들을 돋보기로 보듯 가까이에서 보면 그저 그 일 밖에 보이지 않지만, 돋보기를 버리고 시야를 넓혀 바라보면 주변의 일들도 함께 눈에 들어온다. 그 일과 연관된 다른 일들과, 또 다른 사람들이 겪고 있는 비슷한 경험에 대한 깨달음이다. 세상의 일이란 복잡한 인과관계 속에 놓여 있어서 상황에 따라 해석이 달라질 수 있다. 고사성어 가운데 '새옹지마(塞翁之馬)'를 생각해보면 이 말의 의미를 이해할 수 있을 것이다. 지금은 안타까운 일로 보일 수 있지만, 먼 훗날에는 그 일이 가장 행복한 일로 생각될 수도 있는 것이다.

'감사' 'Thank'는 '생각' 'Think'에서 나온 말이다. 생각해보면(Think) 누구에게나 감사(Thank)가 있다. 중요한 것은 누구의 입장에서 생각하느냐다. 'Think'의 'i'는 '나'를 가리킨다. 반면 'Thank'의 'a'는 하나님을 가리킨다. '나(i)'의 관점에서가 아니라 '하나님(a)'의 관점에서 세상을 바라보라는 것이다. 그래서 성경(데살로니가전서 5장 18절)은 "범사에(凡事에, 어떤 처지에 서든지, 모든 일에, in all circumstances, in everything) 감사하라"고 가르친다.

앞서 소개한 영화 '믿음의 승부'에서 감독은 선수들에게 "지더라도 감사하라"고 가르친다. 단순한 승리가 아니라 하나님을 향한 신뢰, 하나님의 영광, 하나님의 뜻을 더 중요하게 여기라는 의미다. 그래서 우리는 우리 삶에 어려운 순간이 찾아오더라도 늘 감사해야 한다. 그 감사는 그 일 자체에 대한 감사라기보다는 하나님에 대한 신뢰이다. 그 일을 통해 하나님이 주시려는 교훈에 초점을 맞추는 것이다. 그럴 때 궁극적으로는 그 일 자체에 대해서도 감사하게 된다. 이것이 바른 신앙의 자세이다.

1620년 8월 15일, 102명의 영국 청교도들이 메이플라워호를 타고 플리머스 항을 출발해 북아메리카로 향하였다. 그러나 문제가 생겨 돌아왔다가 9월 16일 다시 출항했다. 메이플라워호는 무게가 180톤에 길이 27.5미터, 3개의 돛을 가진 작은 배였다. 이 배는 11월 19일 케이프코드 만을 경유하여 11월 21일 오늘날의 프로빈스 타운에 입항하여 선박 수리와 여러가지 물자를 보급 받은 후, 12월 21일 매사추세츠 주 연안에 도착했다.

험한 파도와 싸우며 고생 끝에 도착한 청교도들은 먼저 감사 찾기에 들어갔다. 그러고는 다음과 같은 감사할 거리 7가지를 찾아냈다.

01   180톤밖에 안 되는 작은 배이지만, 그 배라도 주심을 감사.

02   평균 시속 2마일로 항해했으나 117일간 계속 전진할 수 있었음에 감사.

03   항해 중 두 사람이 죽었으나, 한 아이가 태어났음에 감사.

04   폭풍으로 큰 돛이 부러졌으나, 파선되지 않았음에 감사.

05   여자들 몇 명이 심한 파도 속에 휩쓸렸지만, 모두 구출됨에 감사.

06   인디언들의 방해로 상륙할 곳을 찾지 못해 한 달 동안 바다에서 표류했지만, 결국 호의적인 원주민이 사는 곳에 상륙하게 해주셔서 감사.

07   고통스러운 3개월 반의 항해 도중, 단 한 명도 돌아가자는 사람이 나오지 않았음에 감사.

다른 사람들이 보기에는 감사할 것이 전혀 없음에도, 아니 불평 거리가 가득한 상황이었음에도 불구하고 청교도들은 오히려 그 속에서 감사 거리 7가지를 찾아냈다. 이것은 정박할 좋은 항구를 찾아낸 것보다 더 위대한 일이다. 이런 감사를 발견해낸 '눈'이야말로 청교도들의 힘이었고 신앙고백이었다. 어쩌면 오늘의 미국을 만든 참된 힘은 바로 이런 감사 거리를 찾아낼 줄 아는 '눈'에 있는 것인지도 모른다. 우리의 하루, 우리의 삶에도 이런 청교도들의 눈으로 찾아보면 감사 거리는 수없이 많이 숨어 있을 것이다.

'사랑의 원자탄'으로 불리는 손양원 목사는 좌익반란군의 총에 두 아들을 모두 잃었다. 하나도 아니고 두 아들이 모두 총살당한 부모의 그 심정은 어땠겠는가? 그러나 그는 아들을 죽인 군인을 양아들로 삼고, 장례식에서 하나님께 9가지의 감사기도를 드렸다.

01   나 같은 죄인의 혈통에서 순교의 자식이 나게 하심을 하나님께 감사합니다.

02 허다한 많은 성도 중에서 어찌 이런 보배(한센
    인)를 하필 내게 맡겨 주셨는지 감사합니다.

03 3남3녀 중에서도 가장 아름다운 두 아들, 장남
    과 차남을 바치게 된 축복을 감사드립니다.

04 한 아들의 순교도 귀하다 하거든 하물며 두 아들
    이 순교했으니 감사합니다.

05 예수 믿다가 자리에 누워 임종하는 것도 큰 복인
    데 전도하다가 순교 당했으니 감사합니다.

06 미국 가려고 준비하던 내 아들이 미국보다 더 좋
    은 천국엘 갔으니 마음이 안심되고 감사합니다.

07 나의 두 아들을 총살한 원수를 회개시켜 내 아들
    로 삼고자 하는 사랑의 마음을 주신 하나님께 감
    사합니다.

08 두 아들의 순교의 열매로 무수한 천국의 아들들
    이 생길 것이라 믿어지니 우리 하나님께 감사합
    니다.

09 이 같은 역경 속에서도 하나님의 사랑을 깨닫게
    하시고 이길 수 있는 믿음을 주시니 감사합니다.

오, 주여! 저에게 분수에 넘치는 과분한 큰 복을 주시니
하나님께 감사와 영광을 돌리옵니다.

다음의 기도문은 출처가 분명하지 않은 것인데, 원본내용을 필자 나름대로 다듬어 봤다.

역발상의 감사에 도움을 줄 수 있을 것이다.

❖ 때때로 병들게 하심을 감사합니다.

― 인간의 약함을 깨닫게 하시기 때문입니다.

❖ 가끔 고독의 수렁에 내던져 주심도 감사합니다.

― 주님과 가까워지는 기회이기 때문입니다.

❖ 일이 계획대로 안 되게 틀어주심도 감사합니다.

― 저의 교만을 반성할 수 있기 때문입니다.

❖ 아들딸이 걱정거리가 되게 하시고, 배우자가 미워질 때가 있게 하시고, 부모와 동기간(同氣間)이 짐으로 느껴지게 하심을 감사합니다.

― 인간된 보람을 깨달을 수 있기 때문입니다.

❖ 먹고 사는 데 힘겹게 하심을 감사합니다.

― 눈물로 빵을 먹는 심정을 이해할 수 있게 되었기 때문입니다.

❖ 때때로 허탈하고 허무하게 하심을 감사합니다.

— 영원에 접근할 수 있는 기회이기 때문입니다.

❖ 불의와 허위가 득세하는 시대에 태어나게 하심을 감사합니다.

- 하나님의 의가 분명히 드러나기 때문입니다.

❖ 땀과 고생의 잔을 맛보게 하심을 감사합니다.

- 주님의 사랑을 깨달을 수 있기 때문입니다.

주님! 이처럼 늘 감사할 수 있는 마음을 주심에 감사드립니다. 예수님의 이름으로 기도합니다.

바울은 고린도교회에 이렇게 권면한다.

"또 슬픈 사람 취급을 받았으나 우리는 항상 기뻐하였으며, 가난한 자 같으나 많은 사람을 부유하게 하였고, 아무것도 가지지 않은 자 같으나 우리는 모든 것을 소유한 사람입니다."(고린도후서 6장 10절).

신앙생활 초기에는 다들 "예수 믿으면 복 받

는다"는 말 한 마디만 믿고 눈에 보이는 물질적인 축복만을 추구한다. 그렇지만 신앙이 자라면 '그럼에도 불구하고'라는 역발상의 감사를 깨닫게 된다. 누가 봐도 우리는 아무것도 가진 것이 없는 자이지만, 실상은 모든 것을 가진 자임을 깨닫게 되는 것이다. 그래서 스데반 집사를 비롯하여 수많은 믿음의 선배들이 고초 속에서도 감사하며 순교하였을 것이다.

우리가 '그럼에도 불구하고' 감사해야 하는 가장 큰 이유가 있다. 그것은 우리가 하나님은 선하시고 인자하시다는 성경 말씀을 믿기 때문이다.

"여호와께 감사하십시오. 그분은 선하시며, 그분의 사랑은 영원하십니다."(시편 107편 1절).

그러므로 우리는 아무것도 염려하지 말고 감사해야 한다.

우리가 무엇으로 우리 자신이나 다른 사람의 믿음의 크기를 잴 수 있겠는가? 그것은 헌금도 아니요, 예배 출석 개근도 아니요, 많은 사역도 아닐 것이다. 바로 진정한 감사가 믿음의 바로미터라고 생각한다. 어디까지 감사할 수 있느냐가 그 사람의 믿음의 크기가 아닐까?

일상에서 더 이상 감사 거리가 생각나지 않는다면 앞에서 소개한 세 가지의 기도문을 읽어보길 바란다.

●내 삶에서, 또는 오늘 일과 중에서 슬프고 안타까운 일이었지만, 하나님의 관점에서 볼 때 감사한 일은 무엇인가?

2단계

감사 표현하기

'감사(感謝)'라는 말은 '느낄 감(感)', '사례할 사(謝)'로 고마움을 나타내는 인사라고 할 수 있다. 특히 '느낄 감(感)'은 '다할 함(咸)'과 '마음 심(心)'의 조합어다. 마음을 다해 고마움을 표현하라는 뜻이다.

"다른 사람을 사랑하는 빚 이 외에는 아무 사람에

게, 아무런 빚도 지지 마십시오. 남을 사랑하는 사람은 율법을 온전히 이룬 것이나 다름없습니다."(로마서 13장 8절).

이 말씀은 금전적인 채무는 안 되지만, 사랑의 채무는 서로 져도 된다는 말씀이다. 그렇다고 감사를 표현하지 말라는 뜻은 아니다. 우리는 사랑의 빚을 진 상대에게 마음을 다해 고마움을 표현해야 한다.

몇 년 전 우리나라 정부는 6·25 전쟁 60주년을 맞아 당시 참전국들에게 감사 편지를 보내고 광고를 냈다. 정말 훌륭한 외교라고 생각한다. 사랑의 빚을 잊지 않고 감사를 표현하는 것, 그보다 더 좋은 외교가 어디 있겠는가.

누가복음 17장에는 예수께서 사마리아와 갈릴리 사이로 지나가시다가 한 마을에서 나병환자 열 명을 고치신 장면이 나온다. 그러나 그들 중 사마리아사람만이 예수님께 돌아와 받아래 엎드려 감사를 표현한다. 이때 예수님께서는 "열 사람이 다 깨끗함을 받지 아니하였느냐 그 아홉은 어디 있느냐"며 꾸중하신다.

동양에서는 은혜를 잊어버리는 사람을 '배은망덕(背恩忘德)하다'며 경멸한다. 그럼에도 불구하고 우리 주변에는 은혜를 잊어버리는 사람, 잘 못을 하고도 사과를 안 하는 사람이 적지 않다. 물론 우리는 서양과 달리 자신의 생각이나 감정을 명확히 표현하지 않으려는 경향이 있다. '마음으로 고마워하고 미안해하면 되지 그걸 일일이 말로 표현을 해야 하나?' 하는 생각을 갖고 있는 이들도 많다. 그러다 보니 상대가 감사나 사과를 제대로 하지 않아 섭섭해 하면서도 자신 또한 그 섭섭한 마음을 상대에게 제대로 표현하지 못한 채 혼자 답답해하는 경우가 많다.

그러나 이것은 잘못된 생각이다. 상대방은 내가 이야기하지 않으면 내 마음을 알 수가 없다. 상대방의 마음을 읽어낼 수 있는 능력이 없는데 어떻게 상대방의 마음을 알 수 있겠는가. 우리의 생각이나 감정은 표현돼야만 상대방이 알 수 있다. 따라서 감사의 마음도, 미안한 감정도 적절한 방법과 수단을 통해 상대방에게 표현되어야 한다. 그래야 오해가 생기지 않는다.

　다행하게도 우리의 생각이나 감정을 표현하는 방법은 다양하다. 가장 쉬운 방법은 말로 표현하는 것이다. 말로 표현할 때에는 무엇이 고마운지를 명확한 발음과 호감이 가는 목소리로 또렷하게 말해야 한다. 이때는 가능하면 호칭을 사용하는 것이 좋다. "누나, 점심 사줘서 맛있게 잘 먹었어요. 고마워요." 호칭은 상대방과 자신만이 사용할 수 있는 친밀한 것이 좋다. "말 한 마디로 천 냥 빚을 갚는다"는 말이 있듯이, 상대방이 기분 좋게 느낄 수 있는 어휘를 선택해야 한다.

　몸으로 표현하는 방법도 있다. 눈으로, 표정

으로, 손짓으로, 몸짓으로, 행동으로 표현할 수 있다. 서양 사람들은 말로 표현하는 것을 상당히 신뢰하지만, 동양 사람들은 말보다는 몸으로 표현하는 것을 더 신뢰하는 경향이 있다. 서양 사람에게는 "땡큐!(Thank you)"라고 하면 되지만 동양 사람에게는 눈, 표정, 손짓, 몸짓, 행동 등을 총동원해서 감사를 표현하는 것이 보다 효과적이다.

여기서 중요한 것은 상대가 서양인이든 동양인이든 말과 행동이 일치해야 한다는 사실이다. 어느 크리스천 탤런트가 이렇게 말하는 걸 들은 적이 있다. "우리 탤런트들은 사실도 아닌 남의 얘기를 마치 자신의 얘기인 것처럼 말하는데, 목사님들은 왜 사실을 사실이 아닌 남의 얘기처럼 말하는지 모르겠다." 말과 목소리, 표정, 몸짓 등 행동이 일치되어야만 사람들은 그 표현을 신뢰한다. 특히 우리나라 사람들의 경우에는 더욱 그렇다.

요즘에는 도구를 이용한 표현이 많아지고 있다. 전화, 문자, 이메일, SNS 등을 통해 생각과 감정을 자유롭게 표현할 수 있다. 도구(미디어)를 활용한 표현도 때로는 효과가 있다. 그럼에도 불구하고 아직도 우리나라 사람들은 직접 대면하여 표현하는 것을 선호한다. 누군가에게 고마운 마음이 생기면, 가장 적합한 방법을 통해 직접적으로 표현하는 것이 좋다.

감사를 표현할 때에는 적극적으로, 화끈하게 해야 한다. 억지로, 소극적으로 하는 감사는 보기에도 흉하고 상대방을 감동시키지도 못한다. 마음을 다하여 진심으로 감사해야 한다. 감사를 표현하지 않으려면 모르지만, 기왕에 감사를 표현하려면 상대방이 감동을 받을 수 있게 표현하는 것이 좋다.

또 감사를 표현할 때에는 은혜를 입은 즉시 하는 것이 좋다. 때 늦은 감사는 효과가 반감된다. 그리고 앞에서도 말했지만 감사를 할 때에는 속마음과 말과 행동이 일치해야 한다. 이 세 가지가 일치하지 않으면 상대방은 금세 알아차린다.

감사 표현만 그런 게 아니다. 사과 표현도 마찬가지다. 상대방에게 미안한 마음을 표현할 때 마음이 담기지 않은 사과는 오히려 상대방을 더 불쾌하게 할 수 있다. 구체적으로 무엇이 잘못됐는지를 분명히 말해야 하고, 보상이 필요하다면 어떻게 보상을 할 것인지, 태도의 변화가 필요하다면 어떻게 태도를 바꿀 것인지를 진지하게 표현해야 한다. 감사 표현과 마찬가지로 미디어를 이용하기보다는 직접 대면하여 표현하는 것이 더 효과적이다.

수박은 겉은 파랗지만 속은 빨갛다. 사과는 겉은 빨갛지만 속은 하얗다. 그러나 호두는 겉과 속이 똑같다. 호두처럼 속마음과 말, 행동을 일치시켜 생각과 감정을 명확히 표현하자.

표현하지 않으면 상대방은 알 수가 없다.

●오늘 나는 누구에게 어떻게 감사를 표현했는지 생각해보자. 그리고 몇 번이나 감사를 표했는지 되돌아보자.

3단계

감사 만들기

제3단계는 다른 사람에게 감사 거리를 만들어주기다.

다른 사람이 감사일기를 쓸 수 있도록 '감사 거리'를 만들어주자는 것이다. 다시 말해 다른 사람에게 뭔가를 베풀어주자는 것이다. 가족이나 동료, 또는 살아가면서 만나는 모든 사람들로부터 무엇을 받았는지를 일일이 관찰하고 헤

아려 일기장에 적고 기억해야 한다. 그리고 그들에게 마음을 다해 고마움을 표현해야 한다.

그러나 여기에서 그친다면 이 세상은 남으로부터 서비스를 받으려는 사람들로 가득찰 것이다. 받으려는 사람만 있고 주려는 사람이 없다면 그 사회는 결코 좋은 사회가 될 수 없다. 성숙한 사람이라면 받는 데 그치지 말고 다른 사람에게 뭔가를 베풀어야 한다. 그래야 좋은 친구도 생기고 그 사람도 내게 뭔가를 베풀려고 할 것이다.

세 가지 유형의 사람이 있다.

첫째, '51:49형(Win-Lose)'. 이 유형의 사람은 다른 사람과의 관계에서 언제나 1%를 더 가지려고 한다. 이 유형의 사람이 더 가지려고 하는 것은 1%에 지나지 않지만, 그로 인해 상대방은 20% 이상의 상실감을 갖게 된다. 결과적으로 지혜롭지 못한 처신이다.

둘째, '50:50형(Win-Win)'. 나도 잘 되고 너도 잘 되는 것을 추구하는 유형이다. 이런 사람들은 주위 사람들의 몫을 잘 챙겨주고 폐를 끼치지 않아 좋은 인간관계를 맺는다.

셋째, '49-51형(Lose-Win)'. 첫 번째 유형의 사람들과는 달리 오히려 자신의 것 1%를 다른 사람들에게 베푸는 형이다. 이 유형의 사람들은 불과 1%를 상대방에게 더 주는 것이지만, 상대방은 20% 이상을 얻은 것과 같은 느낌을 받는다. 엘리베이터를 탈 때는 "애프터 유!(After You, 당신 먼저)"를 외치며 노약자에게 순서를 양보하고, 식사를 할 때는 다른 사람 앞으로 맛있는 반찬을 슬며시 밀어주고, 세 번 식사를 함께하면 두 번은 자신이 밥값을 내는 사람이다.

진정으로 감사를 아는 사람은 다른 사람에게 감사일기 쓸 제목을 만들어주는 사람이다. 그것이 바로 봉사다. 봉사는 우리가 직접 만나는 사람에게만 하는 것이 아니다. 잘 모르는 누군가를 위한 봉사도 똑같이 가치가 있다. 오늘밤 우리 일기장에는 나라를 지키는 국군장병들에게 감사하는 내용의 글이 들어갈 수도 있다. 또한 가파른 언덕을 쉽게 올라갈 수 있도록 돌로 계단을 만들어준 누군가에게도 감사할 수 있다. 뿐만 아니라 가난한 환자가 무료로 치료받을 수 있도록 관련 법령을 만들어준 누군가에게 감사할 수도 있다. 그리고 우리도 누군가에게 이러한 존재가 되어야 한다.

감사할 줄 아는 사람은 개인적으로는 잘 모르는 공동체 전체 구성원들을 위해 공익활동도 즐겨한다. 대가 없이 돈, 시간, 노동력을 제공하며 약자와 소외자들을 돕는다. 정치, 경제, 사회, 문화, 교육, 환경 등 공동체가 당면한 문제들을 예방하고 해결하는 일에 앞장선다. 그리고 그의 이러한 봉사활동을 통해 도움을 받은 누군가는 고마워하며 감사일기를 쓸 것이다. 이렇게 감사

는 봉사를 낳는다. 감사는 봉사가 뒤따를 때 가
장 빛이 난다.

그리스도인은 개인적인 대상은 물론이고 공
동체 전체를 위한 공익활동에 적극 참여해야 할
책임이 있다. 특히 교회가 이러한 일에 관심을
갖고 지역사회와 공동체를 섬겨야 한다. 그래서
지역사회와 공동체가 진심으로 교회를 고마워
하도록 만들어야 한다.

그러나 유감스럽게도 현실은 전혀 그렇지 못
하다. 2004년 한국갤럽 조사에서 개신교는 '정
신적 문제에 만족스러운 답을 주는 종교' 1위
(59%)였다. 그러나 2008년 기독교윤리실천운
동의 교회 신뢰도 조사에서는 '가장 신뢰하는
종교' 부문에서 3위(18%)로 추락했다. 우리나
라 시사주간지 '시사인'의 2009년도 '한국인이
가장 신뢰하는 직업' 조사에서 33개 직업군 가
운데 신부(11위), 승려(18위)에 이어 목사는 25위를 기록했다. 개신교의 추락 원인은 지도자의 비윤리성, 사회와의 소통 부족, 사회봉사 부족 등인 것으로 나타났다. 한 마디로 교회가 교회답지 못하다는 인상을 주면서 사회로부터 '고마운 존재'로서의 지위를 잃어가고 있음을 보여준 것이다.

사실 적지 않은 수의 한국교회가 교회의 규모를 키우고 세속적인 권력을 확대하는 데 노력하고 있음은 어제 오늘의 일이 아니다. 이 과정에서 교회 지도자들의 도덕적 윤리적 타락이 나타나고, 기복주의로 인한 진리의 왜곡 현상까지 나타나고 있다. 그 결과물이 대 사회적 영향력의 상실이다.

이러한 상황을 탈피하고 신뢰받는 교회로 거듭나기 위해서는 무엇보다도 한국교회가 바른 교회를 지향해야 한다.

그리고 단순히 선교뿐만 아니라 대한민국 공동체에도 깊은 관심을 갖고 지역사회와 공동체 전체에 봉사해야 한다. 교회가 세상으로부터 '고마운 존재', '믿을 수 있는 존재'가 되는 것 자체가 선교라는 인식을 가질 필요가 있다.

우리 그리스도인은 더 이상 "당신은 사랑받기 위해 태어난 사람"이라는 노래만 부르고 앉아 있어서는 안 된다. "우리는 사랑하기 위해 태어난 사람"이라는, 한 차원 높은 노래를 부르며 이웃과 공동체 전체를 위해 개인적으로, 그리고 조직적으로 봉사해야 한다. 이것이 감사를 아는 사람들의 삶이다. 그리고 주님이 우리들에게 요구하시는 삶이다.

03

감사일기 쓰기

지금까지 감사일기와 관련된 여러 가지 배경
적인 요소들을 살펴보았다. 이제부터는 구체적
으로 감사일기를 쓰는 요령에 대해 설명하고자
한다. 하지만 막상 감사일기를 쓰려고 하면 귀
찮고 번거롭게 느껴질 수도 있다. 그렇지만 마
음을 다잡고 여기에 설명된 요령을 차근차근 하
나씩 따라가면 자연스럽게 감사일기를 쓸 수 있
게 될 것이다. 서두를 필요 없다.

　　감사일기는 다른 사람에게 보여주기 위한 것
이 아니기 때문에 형식에 얽매일 필요가 없다.
편하고 즐겁게 쓰면 된다. 다만 꾸준하고 지속
적으로 쓰기를 실천할 수 있도록 인내심을 갖고
노력하는 것이 중요하다.

1
어떻게 쓸 것인가?

 작은 수첩(감사일기장)을 준비한다.

●감사일기에 쓸 내용을 그때그때 기억했다가 저녁에 한꺼번에 쓰려면 잘 써지지 않을 것이다. 그래서 한꺼번에 쓰려고 하지 말고 감사일기장을 포켓용 사이즈로 만들어 휴대하고 다니거나, 아니면 작은 메모지에 기록해 두었다가 저녁에 일기장에 정리하는 것이 좋다. 요즘은 스마트폰을 많이 이용하기 때문에 스마트폰의 메모 기능에 그때그때 작성을 해두

었다가 일기장으로 옮기는 것도 좋은 방법이다.

●감사일기장은 언제나 기억하기 쉬운 침대 옆이
나 책상 앞 잘 보이는 곳, 자주 사용하는 책상 서랍
에 비치하는 것이 좋다.

그날 고마운 일의 제목만 적는다.(1단계)

●매일 잠자리에 들기 전에 그날 고마웠던 일을
3~5가지의 제목만 적는다. 감사일기 쓰기를 처음
시작하는 이 단계만 3개월 정도 꾸준히 실천하는 것
이 좋다.

●오늘 하루 중 고마웠던 일, 고마웠던 사람을 적
어보자.

오늘 고마웠던 일	고마웠던 사람
❶	❶
❷	❷
❸	❸
❹	❹
❺	❺

그날 내가 고마움을 표현한 대상의 이름을 적는다.(2단계)

●1단계가 습관이 된 사람은 1단계를 마무리하고 2단계를 시작한다.

●2단계는 자신에게 고마운 일을 베풀어준 사람에게 고맙다고 표현하기다. 그날 자신이 누구에게 고마움을 표현했는지 그 대상의 이름을 적는다.

●2단계는 2개월 정도 꾸준히 실천하는 것이 좋다. 표현력이 약한 사람은 좀 더 실천하면 된다.

●오늘 하루 내가 고마움을 표현한 사람의 이름과 그 내용을 아래에 적어보자.

내가 고마움을 표현한 사람 / 내용

❶

❷

❸

❹

❺

❻

그날 내가 다른 사람에게 베푼(봉사한) 일을 적는다.(3단계)

●2단계가 습관이 된 사람은 2단계를 마무리하고 3단계를 시작한다.

●3단계는 자신이 남에게 고마운 일을 베풀어준 일을 적는 것이다.

●3단계는 2개월 정도 꾸준히 실천하는 것이 좋다. 3단계가 정착되면 1, 2, 3단계에 해당되는 일들을 섞어서 매일 자신이 정한 만큼 적어나가면 된다.

●오늘 하루 내가 고마움을 베풀어준 대상의 이름을 아래에 적어보자. 불특정 다수의 공익을 위해 한 일도 적는다.

다른사람(개인)에게 착한 일 한 것

❶

❷

❸

❹

❺

❻

❼

공익을 위해 한 일

❶

❷

❸

❹

❺

❻

❼

❽

일기 쓰는 진정한 목적을 잊지 말라.

●일기를 쓰는 목적은 '감사'를 생각하며 살아가는 데 있다. 그러므로 일기장을 멋있게 만들려고 하지 말라.

"깨끗한 성경 하지만 혼탁한 마음, 손 때로 지저분한 성경 하지만 깨끗한 마음(Clean Bible Dirty Mind, Dirty Bible Clean Mind)"이란 말이 있듯이 일기장이 멋있을 필요는 없다. 다소 지저분해도 괜찮다.

●매일 3가지를 반드시 찾아 써야 할 필요도 없다. 단 하루도 빠짐없이 작성을 하는 것보다 중요한 것은 일상의 감사를 발견하고 그것을 누리고 기억하는 것이다.

●일기 쓰기에 재미를 느껴라. 일기를 쓰다보면 재미를 느끼게 된다. 자신도 모르게 고마운 일을 찾게 되고, 남에게 고마움을 잘 표현하게 되고, 남에게 뭔가를 베풀게 된다. 그러면서 자신이 바뀌어가고 있고, 그로 인해 하루가 행복하게 느껴진다. 그렇게 되

면 우리의 인생도 훨씬 풍요로워질 것이다. 이것이 감사일기 쓰기의 진정한 목적이다.

감사일기 쓰기의 장해물을 넘어라.

감사일기 쓰기에도 장해물이 있다. 바로 몇 가지 나쁜 습관이다. 그 습관에서 벗어나야 감사생활을 꾸준히 해나갈 수가 있다.

● 첫째는 지난 일에 대한 후회이다.

아무리 후회를 한들 지난 일은 달라지지 않는다. 지난 일을 후회하면 감사하는 마음이 사라지고 만다. 과거에 대한 후회는 습관적이어서 많은 이들이 지난 일 후회하기로 시간을 낭비한다. 지난 일은 후회의 대상이 아니라 반성의 대상이다. 후회하지 말고 반성해서 다시는 그와 같은 일이 발생하지 않게 하라.

● 둘째는 내일에 대한 염려이다.

불확실한 미래에 대한 염려나 걱정으로는 조금도 미래를 바꿀 수는 없다. 걱정이나 염려로 시간을 낭비하기 보다는 철저하게 미래를 준비하는 것이 보다 건설적이다.

●셋째는 다른 사람과 자신을 비교하는 습관이다.

다른 사람과 자신을 비교하면 그 누구라도 감사 거리가 줄어들 수밖에 없다. 나와는 모든 것이 다른 사람을 왜 나와 비교하려 하는가? 남이 가진 지위, 재산, 명예 등과 나의 것을 비교하지 말라. 그 대신 어제의 나와 현재의 나를 철저히 비교하라. 그 평가 결과를 놓고 감사를 하든지 불평을 하든지 할 일이다.

●넷째는 자신에게 과분한 것을 소유하려는 욕심이다.

욕심은 감사의 싹을 잘라버리고 대신 죄를 낳게 한다. 욕심을 품으면 그것을 손에 넣을 때까지 불안과 불만을 품게 된다. 자기 분수에 맞는 것을 목표로 삼아야 순간순간이 기쁘다.

●다섯째는 망각이다.

감사일기 쓰기의 중요한 목적은 감사를 기억하는 것이다. 기억하기 위해서 기록하는 것이다. 하지만 하루 24시간 동안 일어났던 감사한 일들을 한꺼번에 생각해내기란 쉬운 일이 아니다. 그러므로 고마운 일, 고마운 사람, 감사를 표현한 대상, 감사 거리를 준 대상의 이름을 그때그때 적어두는 습관을 가져야 한다. 아무리 고마운 일이라도 그것을 잊어버리면 아무 소용이 없다.

헌 일기장을 꺼내 읽으라.

●감사일기장을 잘 보관하라.

겉표지에 기간을 적어서 보관하라. 그것이 바로 당신의 인생이다. 그것을 모으면 당신의 역사가 된다.

●감사일기장을 다 쓰고 교체할 때마다 헌 일기장을 처음부터 천천히 읽어보라.

그리고 하나님과 이웃에게 감사하라.

2
감사일기 사례

1단계 / 감사 찾기

감사찾기는 다음과 같이 쓰면 된다.

- 좌회전 차로를 양보해주신 택시 운전기사 아저
  씨 감사합니다.
- 아침 일찍 우리 집 앞 눈을 치워주신 아파트 경
  비 아저씨 감사합니다.

- 늦은 밤 귀가한 아들에게 밥 차려주신 어머니 감사합니다. 다음부터는 일찍 들어오겠습니다.
- 이번 학기에도 등록금 주신 부모님 감사합니다.
- 지금 이 시간에도 나라를 지키는 국군 장병 여러분 감사합니다.
- 나라를 지키다가 서해안에서 희생된 천안함 장병 여러분 감사합니다. 이제 우리가 나라를 잘 지키겠습니다.
- 어린이 유괴범을 수고 끝에 찾아낸 경찰 여러분 감사합니다. 여러분 덕분에 우리 아이들을 마음 놓고 키울 수 있습니다.
- 신호등이 고장 나 꽉 막힌 사거리에서 비를 맞아가며 교통정리를 해주신 운전자 아저씨 감사합니다.
- 휴대전화를 깜박 잊고 집에서 그냥 나왔는데, 멀리 안 가서 깨닫고 바로 다시 가져올 수 있었어요. 감사합니다.
- 부서 업무가 바쁜데도 조퇴를 허락해주신 팀장

님, 감사합니다.

● 길이 막히는데도 통학생들 늦지 않게 해주시려
고 애써주신 마을버스 운전기사님, 고맙습니다.

● 더운데 하루 종일 아이 돌보느라 수고한 내 아
내, 고마워요.

● 늘 우리를 사랑해주시는 좋은 교수님, 오늘도
감사합니다.

● 지금까지 살아오면서 단 한 번도 끼니 걱정 안
하게 해주셔서 감사합니다.

● 우리 딸 건강하게 잘 자라게 해주셔서 진심으로
감사합니다.

● 과장님, 오늘 저 때문에 애 많이 쓰셨어요. 제가
아직 업무가 미숙해서 죄송합니다. 그리고 감사
합니다.

● 고객님, 아까 제가 더 미안했는데 오히려 미안
하다고 하셔서 미안하고 고맙습니다.

● 목사님, 오늘도 귀한 말씀 고맙습니다. 많이 깨
달았습니다. 이젠 하나님 앞에서 더 정직하게

살아야겠네요.

● 덕분에 식사 잘 했습니다. 식사 당번 여러분 감사합니다.

● 오늘 찬양 듣고 눈물이 나왔어요. 귀한 찬양들려 주시는 찬양대 여러분, 늘 감사합니다.

● 토요일마다 전화 심방해주시는 선생님 감사합니다. 부모보다도 우리 아이를 더 사랑하시는 것 같아요. 정말 감사합니다.

● 건강진단을 통해 미리 문제가 발견되어 감사합니다.

● 오늘 문득 하늘의 별이 참 아름답다는 생각을 했습니다. 창조의 하나님, 감사합니다.

● 성경 말씀을 읽다가 하나님께서 정말 나를 사랑하시는구나 하고 깨달았습니다. 감사합니다.

● 60년 전 전쟁으로 폐허가 된 이 나라를 세계적인 나라로 우뚝 세워주신 하나님 감사합니다.

● 우리 가정에 복음을 주셔서 우상 숭배 안 하고 명절에 감사예배 드리게 하시니 감사합니다.

- 어린 시절 너무도 고생했다고 생각했는데, 이제 와서 생각하니 그것이 오늘을 살아가는 큰 힘이 되었습니다. 감사합니다.
- 사거리에서 신호를 잘못 보고 건너갔는데 멀리서 달려오던 차가 나를 발견하고 급제동을 하는 바람에 살았습니다. 하나님, 감사합니다.
- 병을 미리 발견하게 하셔서 지금도 조심하며 건강하게 살아가게 하시니 감사합니다.

2단계 / 감사 표현하기

감사 표현은 내가 고마움을 표현한 대상을 적으면 된다.

- 엘리베이터를 양보해주신 어떤 분에게
- 맛있는 음식을 차려준 아내에게 설거지로 감사를 표현
- 수업을 마친 후 더운데 수고하신 교수님께 음료

수 한 병

●오늘도 무사히 운전하게 해주신 하나님께
●그밖에 직접 감사를 표한 사람들의 이름을 적어
본다.

3단계 / 감사 만들기

감사 만들기는 누군가에게 베푼 일을 적으면
된다.

●내 방을 청소했다.
●주차장에 떨어진 휴지를 주웠다.
●급해 보이는 다른 차에게 차로를 양보해주었다.
●친구들에게 커피 한 잔씩 샀다.
●모임 후 같은 방향에 사는 이들을 태워줬다.
●외로워 보이는 친구에게 말을 걸어주었다.
●사무실 복사기 주위가 지저분해서 깔끔하게 치
웠다.
●그밖에 다른 사람에게 베푼 일들을 적어본다.

3
어떻게 나눌 것인가?

감사일기의 내용은 다른 사람과의 나눔(Sharing)을 통해 더 알차게 발전할 수 있다. 이런 나눔은 서로의 일기 쓰기를 풍성하게 만들어 줄 수 있다. 이를 위해서는 감사일기를 쓰는 사람들끼리 정례적인 모임을 만드는 것이 효과적이다. 이 모임을 통해 중요한 내용이나 일기 쓰기를 통해 느낀 점을 다른 사람들과 나눈다. 또 나눔을 통해 계속 일기를 써나갈 수 있도록 서로를 격려할 수도 있고, 몇 명을 선발하여 전체 모임에서 일기 쓰기 체험담이나 일기 내용을 발표할 수도 있다.

다른 사람의 감사일기 내용을 알게 되면 감사의 범위나 깊이를 더할 수 있게 된다. 공개하기 어려운 사례 외에는 함께 나누는 시간을 갖는 것이 좋다.

감사일기를 나누는 방법에는 다음과 같은 방법들이 있다.

- 다른 사람들과 돌아가면서 사례 발표하기
- 카드에 내용을 적어서 벽에 게시하기
- 사이트에 함께 사용하는 공간을 마련하고 수시로 사례를 게시하기

다음과 같은 경우에 감사일기 쓰기를 적용하면 좋다.

- 가정에서 예배나 가족회의 때
- 교회학교에서 분반공부 할 때
- 구역이나 다락방 모임 때
- 직장 신입사원 연수 때
- 군대 내무반 활동 때
- 학교 인성 교육 때
- 전도할 때(전도지 대신 감사일기 일기장 주기)
- 병원에 환자 문병할 때

04

감사일기를
쓰는 사람들

1
감사일기, 이래서 쓴다

평생 잊지 못할 날을 선물한 감사일기

'가브리엘의집'은 중복장애아동특수교육시설이기 때문에 사회봉사를 하러 오는 학생들이 많이 있습니다. 봉사 학점을 받기 위해 오는 학생, 자원하는 마음으로 오는 학생, 죄를 지어 법원에서 사회봉사 명령을 받고 오는 학생 등 사연도 가지각색입니다. 저는 그들의 도움에 감사하는 마음으로 '내 인생을 바꾸는 감사일기'를 선물하고는 감사 거리 다섯 가지씩을 찾아서 적어 오게 합니다. 감사하는 마음을 갖는 것이 살면서 얼마나 선한 영향력을 발휘하는지 알기 때문이죠.

감사일기는 사람을 변화시키는 큰 능력이 있습니다. 삶을 포기하려던 학생이 감사일기를 쓴지 하루 만에 '이제는 희망을 갖고 열심히 살아가겠다'고 고백하기도 합니다.

A학생은 도벽이 심했던 여자 중학생이었는데, 법원에서는 A학생에게 사회봉사명령을 내렸습니다. 학생을 돌보던 교회학교 선생님이 우리 가브리엘의집을 소개해줘서 찾아왔다고 하더군요. 어려운 가정환경을 비관해서 초등학교 5학년 때부터 수차례 자살 시도도 했다는 이야기를 들었습니다.

그 학생에게 감사일기 책을 선물하면서 감사 제목을 다섯 가지 찾아서 적어오라고 시켰습니다. '얼마나 찾아올까' 하며 다음날을 기다렸는데, 무려 34개의 감사 제목을 적어왔습니다. 표정도 어찌 그리 밝은지 '전날 봤던 그 아이가 맞나' 하는 의심마저 들 정도였지요. 그 학생이 이런 이야길 하더군요.

'원장님이 진심어린 표정으로 저를 대해주셔서 저도 진지하게 감사 제목을 찾아봤어요. 그런데 감사 제목이 이렇게 많은 것에 저도 놀랐어요. 이 세상은 살아볼만한 가치가 있는 것 같아요, 하하하. 그리고 감사일기를 쓰면서 일기 쓰는 게 재미있다고 느꼈어요. 이렇게 많이 찾아낸걸 보면 글쓰기에도 재능이 있지 않나요?'

그 학생은 봉사 기간이 끝난 요즘에도 가브리엘의집을 찾아 땀 흘려 봉사하고 갑니다. 희망과 숨겨진 재능마저 발견하게 하는 감사일기, 그 학생은 감사일기를 쓰기 시작한 그날을 평생 잊지 못할 것 같습니다.

– 김정희 원장(가브리엘의집)

"제 목회의 감동 스토리 입니다"

우리 교회 주일학교의 에스더와 에스라는 감사일기 쓰기 경쟁이 붙었습니다. 그래서 어떤 날은 하루에 감사 제목 32가지를 쓰는 놀라운 일도 일어나고 있습니다. 아름다운동행이 2008년 말 감사일기 캠페인을 시작했을 때 "아, 그래 바로 이거야!"하며 온 교회가 감사일기장을 준비하여 시작한 일이 제 목회의 감동 스토리가 되고 있습니다. 사실 우리 교회 주보에는 매 주일 자신의 한 주간 기도 제목과 함께 감사한 일을 적는 공간이 있어 감사일기가 생소한 편은 아니었지만, 아름다운동행이 주마가편(走馬加鞭)이 되었습니다.

처음 감사일기를 시작했을 때 에스더는 스스로 일기를 쓸 수 있었지만, 동생 에스라는 어려서 힘들었습니다. 그래서 엄마가 에스라의 말을 받아 적어주며 감사일기가 아이들에게 일상화

될 수 있도록 노력했습니다. 아름다운동행이 캠페인을 시작할 즈음 세계에서 가장 영향력 있는 여성 오프라 윈프리가 하루 5가지 이상의 감사일기를 썼다고 소개되면서 일기 쓰기의 큰 동력이 되었습니다.

무엇을 기록한다는 것이 삶 속에 정착되지 않았고, 일기 쓰기는 숙제로 하는 것이 전부인 척박한 현실이었지만, 그럼에도 불구하고 감사한 일을 기록하라고 하면 잘 될 것 같다는 확신을 가지고 적극 권유, 강제 작성, 포상 유도 등으로 교인들의 참여를 꾸준히 독려했습니다.

특히 에스라와 에스더가 "학원을 갈 수 있어 감사합니다"나 "학원을 안 가고 쉬게 된 것 감사합니다"와 같은 의식, 즉 매사를 긍정적으로 생각한다는 것이 무엇보다 큰 유익이고 성품이 온유해지는 것을 느낄 수 있어서 큰 감동을 받았다고 아이의 엄마는 간증하고 있습니다.

성경의 중요한 메시지 중 하나가 '감사'이며

순종하면 당연히 복이 된다는 것을 교회 밖의 과학이 증명하고 있습니다. 그 한 예가 '물은 답을 알고 있다'는 책입니다. 이 책은 매우 흥미로운 실험 결과를 발표했지요. 물 한 컵을 떠놓고 "미워" "죽여" "헤어져" 등 부정적인 말을 하면 물이 흐려지고 썩은 물처럼 되며, "예뻐" "좋아" "사랑해" "감사해" 등의 말을 하면 점점 더 맑은 물, 소위 육각형 생수가 된다는 실험 보고가 있었습니다. 그런데 신기한 것은 사랑해, 감사해 가 가장 효과 있는데, 둘 중에서도 "감사해" 가 물을 맑게 하는 최고의 언어라는 것입니다.

평소 우리가 감사를 표현하거나 고맙다는 인사를 받았을 때 온몸에서 생동감이 넘치고 엔도르핀이 200포인트 상승하는 것을 느낀 것은 과학이며 성경입니다. 인간의 몸 70% 이상이 물이라는 사실을 아시지요? 우리의 언어가 어떠해야 할 것인지 생각해보게 됩니다.

– 박원홍 목사(서울서문교회 담임)

"친구와 동생에 대한 배려가 남달라요"

우리 가정이 감사일기를 쓰기 시작한 것은 대략 3년 전부터입니다. 추수감사주일이었는데, 담임목사님이 '아름다운동행'의 기사를 인용하면서 오프라 윈프리의 이야기와 감사일기에 대한 말씀을 들려주셨습니다. 그것이 계기가 되어 우리 아이들에게도 감사일기의 기적을 맛보게 해야겠다고 생각하고 감사일기 쓰기를 시작했습니다.

아이들이 아직은 너무 어려서 제가 아이들과 함께 일기를 썼습니다. 아이들에게는 감사의 내용을 찾기 위해 하루를 돌아보는 시간을 갖도록 했습니다.

두 아이가 다 감사일기를 생활화하고 있기 때문에, 감사일기를 쓰지 않았더라면 지금의 이 아이들과 어떤 차이가 있을지를 비교해 볼 수는 없습니다. 그러나 모든 일에 긍정적인 마음을 갖고 그 내용을 감사일기에 쓰는 걸 보며 이 아이들에게 감사일기 쓸 수 있도록 인도하신 하나님께 감사드립니다.

엄마인 저는 가끔씩 일기를 쓰지만, 아이들은 만 3년 동안 일주일에 4~5일은 빠짐없이 감사일기를 써서인지 친구와 동생을 향한 배려가 남다릅니다. 서로 다툼이 없고 항상 즐거워하며 웃음이 넘치는 하루하루를 보내고 있습니다.

지금은 어려서인지 감사의 내용이 비슷하고 깊이가 없는 듯하지만 아이들이 날마다의 삶속에서 하나님을 만남으로써 더욱 지혜가 자라고 깊이 있는 감사일기를 쓰는 날이 오리라 생각합니다. 앞으로 하나님께서 에스더와 에스라를 통해 많은 일들을 이루어 가시길 소원합니다.

－ 김희영(서울서문교회)

"남편에 대한 감사가 우러나옵니다!"

지난 해 말, 지인들에게 '감사일기' 책과 수첩을 선물하면서 내 몫으로도 한 권을 챙겼습니다. 아름다운동행의 지면을 통해 감사일기를 쓰는 사람들의 이야기를 읽으면서 '나에게는 과연 어떤 변화가 일어날까?' 하는 의구심과 기대감이 함께 들었습니다. 매일은 아니지만 감사 거리들을 수첩에 적기 시작했습니다.

'길이 막히지 않아서…, 타려던 버스가 바로 도착해서…, 넘어졌는데 생채기가 나지 않아서….' 그리고 보니 정말이지 감사한 것이 한두 가지가 아니었습니다. 여기서 멈추지 않았습니다. 감사를 적다보니 점점 가족들에 대한 감사가 넘쳤습니다. 자녀에 대한 감사는 물론이고 남편에 대한 감사가 우러나왔습니다. 전에는 남편이 당연히 나에게 잘해줘야 한다고 생각했기 때문에 뭘 해줘도 부족하고 모자라게만 느껴졌

더랬습니다.

주말에 남편이 나 대신 아침준비를 할 때 얼마나 감사한지! 시장에 다녀올 때면 으레 무거운 장바구니를 대신 들어주는 것이 감사! 여름철 외출했다가 지나친 냉방 때문에 어깨나 손이 시렵기 일쑤인 나를 손의 온기로 덥혀주는 것은 또 얼마나 감사한지! 처음에는 그런 행동들이 보이다가 나중에는 그 행동에 담긴 남편의 사랑이 보였습니다. 새삼스러운 일은 아니지만 감사를 적다보니 내 마음에 또렷이 아내에 대한, 그리고 가족에 대한 남편의 마음이 전해졌습니다.

다른 어느 누구보다도 나를 인정해주고 사랑하는 가족에 대한 고마움을 구체적으로 알게 해준 감사일기, 이 또한 얼마나 감사한지요!

– 김성희(여의도순복음교회)

"교회학교에서 지속적으로
활용했으면 좋겠습니다"

금년 초, 아름다운동행을 후원하는 권사님으로부터 감사일기를 선물 받고 곧 중·고등부 학생들에게 적용해 보았습니다. 교사 10명과 학생 35명이 감사일기를 쓰기 시작했는데, 심성이 아름답고 밝게 바뀌는 것을 발견하고 얼마나 기쁘던지요. 매일 감사일기를 쓰도록 하고 주일마다 반끼리 모여 지난 한주간의 감사했던 일들을 나누었습니다.

시작할 때 학생들의 반응은 대단하지 않았습니다. 그리고 습관으로 자리잡기까지 참으로 인내가 필요했던 기간도 있었습니다. 하지만 포기하지 않고 기다렸더니 반응이 왔습니다. 처음에는 아무 생각 없이 스쳐지나갔던 일이 지나고 생각해보니 하나하나 감사한 게 많다는 이야기들이 나왔습니다. 늘 힘겨운 짐을 진 것처럼 우울하고 짜증 섞인 아이들의 얼굴이 밝아지고, 매사에 감사하는 마음이 자리잡아가는 것 같습니다.

교회학교에서 이것을 아예 프로그램으로 정례화하면 참으로 훌륭한 교육자료가 되리라 확신합니다. 저희는 내년에도 감사일기 쓰기 운동을 할 예정인데, 이 운동은 지속성을 가지고 하는 것이 중요할 것 같습니다.

감사일기를 소개해 주신 그 권사님이 참 고맙습니다.

– 임정현(새사람교회 중고등부 지도)

"감사 조건이 많음에 스스로 놀라요"

큰나무교회(박명룡 목사) 중·고등푸른교회에서 감사일기를 쓰기 시작한 것은 올해 초, 아름다운동행에서 제작한 감사일기를 나눠줄 때만 해도 구체적으로 감사하는 것에 대해서는 훈련받지 못한 상태였습니다.

"이전에는 큰일만, 그것도 어떤 특별한 때에만 감사하는 줄 알았어요. 그런데 작은 일에도, 그리고 항상 감사해야 한다는 것을 배우게 되었습니다."

일 년 동안 감사일기를 쓴 한 학생의 이야기입니다. 물론 참여한 모든 학생들이 일기를 계속 쓴 것은 아니었습니다. 중간에 포기한 친구들도 많았습니다. 그러나 중간 점검을 하고, 자신이 쓴 일기 중에서 발췌하여 발표하는 등 다양한 노력을 통해 감사일기를 끝까지 썼을 뿐 아니라 새로운 수첩을 사서 쓰기 시작한 학생들도 있었습니다. 그리고 추수감사절 때 메모지에 갖가지 감사의 제목들을 잔뜩 적어 교회 벽 게시판에 장식하는 시간도 가졌습니다. 그야말로 감사의 퍼레이드였지요.

그런데 이러한 감사는 중·고등푸른교회에서만 멈추지 않았습니다. 감사의 릴레이가 이루어진 것입니다. 456어린이교회에서도 감사일기 쓰기를 독려했고, 큰나무교회에서 '놀토'를 이용해 시행하는 대안교육 프로그램 '틈새'에서도 2011년 마지막 프로그램을 '고맙습니다'로 진행하게 되었습니다.

프로그램 담당이었던 이혜정 전도사는 "중·고등푸른교회 학생들이 감사일기 쓰는 것을 보고 이 주제를 생각해냈습니다. 그리고 틈새 어린이 친구들에게 감사일기 쓰기 독려를 하기 위해 중학생 친구를 사전 녹화 인터뷰를 했는데 그 내용을 듣고 제가 더 은혜를 받았습니다."

그렇게 마련된 '고맙습니다'는 모두 세 가지

내용으로 진행되었는데, 감사일기에 대한 설명과 함께 1년 동안의 감사 제목을 쓰는 시간을 가졌습니다. 어려서 잘 쓸 수 있을까 생각했는데 너무나 많은 감사 제목을 쓰고는 본인들이 더 놀랐습니다. 또 사랑하는 가족들에게 감사를 표현하도록 케이크를 만들고 편지를 쓰기도 했습니다. 집에 돌아가 가족 한 사람, 한 사람이 모두 감사의 대상이며 조건임을 서로가 확인하게 했습니다. 또 누군가에게 감사할 제목이 되어주기 위해 아이들은 큰나무교회가 반찬나눔 봉사를 하고 있는 임대아파트 주민들에게 작은 선물을 전달하는 시간도 가졌습니다.

아이들이 일상 속 작은 일에서부터 감사하는 삶을 살았으면 하는 마음으로 준비했습니다. 감사일기는 앞으로도 계속 쓰도록 독려하고 프로그램을 가질 때마다 매번 나누는 시간을 가져 점검하려고 합니다.

　– 이경남(큰나무교회 교육 전도사)

"감사를 찾아내는 능력이
커질수록 행복해졌습니다"

우연이었습니다. 카페에 적혀진 글을 보며
'나에겐 이 자연스러운 마우스 클릭하는 행위가
강원래 씨나 슈퍼맨 배역을 맡았던 배우처럼 척
추를 다쳐 전신마비가 된 분들에게는 평생의 소
원이겠다, 내가 아무런 생각 없이 마시고 내뱉
는 공기가 화재 현장에 있는 분들에게는 그토록
절박했던 한숨일 수 있겠다'는 생각이 들었습니
다. 그때부터 감사일기를 쓰기 시작했지요.

하루도 빠짐없이 감사 제목을 찾아내어 열개
씩 썼습니다. 감사 거리가 많은 날에는 쓰기 쉬
웠지만, 감사할 게 생각나지 않는 날은 '하루를
제대로 살지 못했다'는 생각에 잠들기 직전까지
화나고 분하고 우울하고 절망감이 들기도 했습
니다.

그렇게 100일정도 했더니 참 많은 게 달라지

더군요. 일상에서 감사함을 찾아내는 능력이 더 발달됐다고 할까요? 그리고 된 만큼 더 행복해졌습니다. 감사할 게 늘어나고 감사함을 쉽게 찾는 만큼 가족들과도 더 잘 지내고 갈등을 겪던 사람들과도 편안해졌습니다.

- 유경석(명지대학교)

2
독자들의 감사일기

우리 집 골목 입구에 있는 한 평 남짓 정도의 작은 창고에서 70세 정도 되어 보이는 할머니가 빈 박스나 폐지를 정리하고 계십니다. 할머님은 한쪽 다리가 약간 불편하시고 손에 힘도 없어 보이십니다.

이사 온 지 두 달 정도 되었을 때 골목을 지나가는데 할머니가 제 손목을 잡고는 "내가 애기

엄마 주려고 챙겨 놓았어. 늘 볼 때마다 반갑게 인사해 줘서 고마워"라고 말씀하시면서 뻥튀기 한 봉지를 건네주셨습니다.

그저 한동네 사는 어른이라서 볼 때마다 인사를 한 것뿐인데 이렇게 좋아하시다니…, 아들이 뻥튀기 장사를 하는데 저를 생각해서 챙겨 놓았다고 하시는 말씀에 감사했습니다.

거리 행사에서 받은 휴대용 화장지를 건네 드렸을 때에도, 비가 오는 날 김치 부침개를 해서 가져다 드렸을 때에도 할머님은 기다렸다는 듯이 뻥튀기 한 봉지를 건네주십니다.

할머니의 정에 마음이 뭉클하면서도, 한편으로는 외로워하시는 할머니의 마음이 느껴지는 것은 왜 일까요. 할머니의 마음을 느끼게 해주신 주님께 감사하며, 할머니의 영혼 구원을 위해서 오늘도 기도합니다.

– 신희연(소원의항구교회)

처음에는 넓은 밭을 보면서 이 많은 밭을 언제 다 맬까라는 걱정이 동화 속 콩쥐의 한숨처럼 흘러나왔습니다. 누가 먼저라고 할 것 없이 일을 시작했는데, 어느새 밭이 누런 바닥을 드러낸 채 하늘을 보고 웃기 시작하였습니다. 도시에 찌든 우리들도 점점 토지의 웃음을 따라 웃고 있었습니다. 몸은 고되었지만 마음이 이토록 시원했던 적도 없었던 것 같습니다.

육신의 고단함에도 우리가 웃을 수 있었던 것은 농사일을 하면서 우리의 본향을 기억하는 한편, 농촌에 주님의 사랑을 전할 수 있는 기회가 되었기 때문입니다. 농촌에 와서 고향과 우리의 이웃을 위해 봉사한 일이 올해 계획한 일 중 가장 행복한 선택이었던 것 같습니다.

주님, 감사합니다.

– 윤대혁(서울영동교회)

1. 감사일기를 알게 하셔서 쓰게 됨을 감사합니다!
2. 하나님의 자녀인 것 감사합니다.
3. 좋은 컴퓨터와 컴퓨터를 사용할 수 있는 환경을 주심에 감사.
4. 기분 좋은 하루 주심에 감사.
5. 부모님, 도움주시는 집사님, 형제들, 천수와 친구들 있어서 감사해요.
6. 지금 크리스마스 캐롤을 들을 수 있으니 행복하고 감사.

– 박신구(감사카페 '평생 감사의 삶을 사는 사람들')

뭘 써야 할지 잘 몰랐어요. 그래서 "날씨가 좋아서 고맙다"고 썼죠. 그 다음에는 "친구가 밥을 사줬다" 같은 내용을 썼어요. 그러던 어느 날 그날 있었던 일들을 떠올려보니, 안부 전화를 걸어온 친구 생각이 나는 겁니다. 그냥 지나칠 수도 있는 일인데 "고맙다"는 생각이 들었어요.

감사일기가 아니었으면 그냥 지나쳤을 겁니다.

– 조남욱(국민대학교)

감사일기 쓰기 강의를 듣고 도전을 받으니 이 더운 날에도 짜증이 나지 않습니다. 즐거운 마음에 너무도 감사가 넘칩니다. 늘 이 마음을 유지할 수 있도록 감사일기 쓰기를 놓치지 않게 해주세요.

– 오현주(광천교회)

감사일기를 쓰게 해주셔서 감사합니다. 감사일기를 쓰면서 나쁜 습관들을 고쳤어요. 전에는 무심코 길에 쓰레기를 버렸는데, 이젠 안 버려요. 그리고 남이 버린 것도 주워요. 매일 밤, 일과를 결산하며 다시 한 번 주님께 감사하게 됩니다. 또 내일은 어떤 고마운 일이 생길까 기대합니다.

– 최성각(감사카페 '감사하며 살자')

이제는 아침에 일어났을 때 오빠가 씨익 웃어
주는 것도 감사하게 되었어요. 돌아보면 생활
속에서 얼마나 감사할 일이 많은지, 지금까지
그런 감사의 제목들을 잊고 살아온 것 같아 안
타까워요.

- 윤여진(국민대 경영학부)

처음에는 감사의 제목이 모두 이기적이었어
요. 키가 커서 감사해요, 피아노 칠 수 있어서
감사해요. 그러다가 어느 순간부터는 누군가 나
에게 크고 작은 친절과 배려를 베풀어 준다는
걸 깨닫고 감사하게 되었지요.

- 김에스더(국민대 비즈니스IT학부)

감사일기를 쓰면서 자신을 사랑하게 됐어요.
감사일기를 쓰면서 내 주변에 얼마나 좋은 사람
들이 나를 사랑해주고 있는지를 새삼 알게 됐어
요. 그런 것들을 알게 되니까 "내가 참 행복한

사람이구나" 느끼게 돼요. 그러다보니 나를 향한 칭찬과 격려를 자주 하게 돼요.

– 주철진(직장인)

감사일기의 매력은 남으로부터 받은 고마운 일만이 아니라, 내가 남에게 베푼 걸 적는 거예요. 남에게 받은 건 생각해내기가 쉬운데, 내가 누군가에게 베푼 일은 생각이 잘 나질 않아요. 남을 위해 한 일이 없어서죠. 일기를 쓰다 보니 누군가에게 작은 친절이라도 의도적으로 베풀게 돼요. 그래야 일기장에 쓸 거리가 하나 생기니까요.

– 김인애(직장인)

취업난에도 제가 원하는 회사에서 일을 할 수 있도록 허락해주시고 멋진 청년을 만나 좋은 교제할 수 있도록 인도해주셔서 감사합니다.

– 오은진(영광교회)

윤 목사님을 만나게 해주셔서 감사합니다. 군대 선임으로 만난 윤 목사님은 제대 후 제가 어려운 시기에 놓였을 때, 저에게 지속적으로 관심을 가져주시며 위로와 격려를 아끼지 않으셨습니다. 또 함께 기도할 수 있는 모임에도 소개시켜주셔서 주님을 알아 가게 하고 계십니다.

– 임정혁(주사랑교회)

신앙에 대해 갈등할수록 선명한 복음을 계속 들을 수 있게 인도해주시고, 십자가 사랑을 직접 경험하게 하시니 감사합니다. 하나님의 부르심 가운데 세상에서 눈에 띄지 않지만 요긴한 사람으로 살아가고 싶습니다.

그렇게 인도해주세요.

– 최성희(광명기독청년모임)

자녀를 통해 하나님의 사랑을 경험하게 하시고, 아버지의 마음을 알게 하시니 감사합니다.

또 고된 업무의 나날이지만 포기하지 않고 우선
순위를 주께 둘 수 있게 하시니 감사합니다.

    – 박명신(그십자가교회)

    청년공동체에서 믿음의 동역자를 만나게 해
주셔서 감사합니다. 또 부족하지만 교회학교 교
사로 세워주셔서 감사합니다. 아이들을 가르치
며 투정에 속이 상하기도 하지만, 나를 향한 하
나님의 사랑을 느끼게 됩니다. 귀한 직장을 주
신 것도 감사합니다.

    – 박진아(광명기도학교)

    흔들릴 수 있는 환경과 상황 속에서도 믿음을
지킬 수 있게 해주셔서 감사합니다. 늘 하나님
을 만나는 것에 수동적이었습니다. 하지만 하나
님께서 저를 적극적인 사람으로 변화시켜주셔
서 감사합니다.

    – 백은경(신광교회)

회사를 그만두기까지 고민도 많았고, 아쉬움
도 없잖아 있었다. 하지만 지금 이 상황이 감사
하다는 생각이 든다. 더 큰 하나님의 비전을 찾
아 다른 일을 꿈 꿀 수 있는 기회와 시간을 주
셔서 감사한 마음이다. 기도하면서 나에게 주신
하나님의 부르심을 다시 생각해봐야겠다.

    – 이상호(신광교회)

어떤 친구가 싫어서 그 친구만 공원에 나오라
고 하고, 나랑 친구들은 가지 않았다. 내가 일을
꾸몄다는 것을 알게 된 그 친구가 "이제 너랑 친
구 안 할거야"라고 말했는데 무지 속상하고 미
안했다. 그래서 하나님께 죄송하다고 기도했다.
용기를 내어 친구에게 "내가 미안하다"고 말했
는데, 친구가 용서해줘서 하나님께 감사했다.

    – 한은솔(온누리비전교회, 초2)

회사일로 밤늦게 들어오셨던 아빠가 이제는

집에 일찍 들어오시고 나와 놀아줘서 감사해요.

– 홍가영(그십자가교회 유치부)

전주에 혼자 계시던 아빠가 드디어 서울로 올라오셨어요. 아빠와 함께 살 수 있게 돼서 감사해요.

– 김예지(그십자가교회, 초1)

현주언니가 우리 집에서 자서 감사해요. 가정예배 드려서 감사해요. 감사노트 써서 감사해요. 에스더 언니가 예배인도 해서 감사해요. 엄마가 책 읽어주셔서 감사해요. 내일은 교회에 가서 예배드리는 주일이라서 감사해요.

– 김 에스라(서문교회 유치부)

내가 좋아하는 미역국으로 저녁식사해서 감사해요. 가정예배를 아빠와 함께 드릴 수 있어서 감사해요. 희수가 사탕 사줘서 감사해요. 학교 숙제가 없어서 감사해요. 오늘 하루도 잘 지켜주셔서 감사해요.

　– 김 에스더(서문교회, 초등 1년)

전에는 잘 몰랐는데 감사일기를 쓰면서 용돈을 주시는 부모님께 감사하게 됐어요. 일기장에 그런 걸 쓰면서 돈을 아껴 쓰게 됩니다.

　– 정희돈(고등학생)

3
교회 사례

다음 글은 아름다운동행에 실린 서울 서문교회의 사례이다. 서문교회는 전 교인이 감사일기 쓰기운동을 펼치면서 교회 전체가 큰 변화를 경험하게 되었다. 아름다운동행에 실렸던 기사 전체를 여기에 소개한다.

"감사하는 교회가 됐어요"

서울 서문교회(박원홍 목사)는 '아름다운동행'
이 펼치고 있는 '감사일기 쓰기캠페인'에 동참,
어린이부터 어른에 이르기까지 모든 교인들이
'감사일기쓰기운동'을 벌이고 있다.

처음에는 하루에 다섯 가지씩 감사를 한다는
것이 쉽지가 않았다. 그러나 감사를 계속하면서
감사의 조건이 자꾸 생기고 그것이 삶의 변화를
일으킨다는 것을 확인할 수 있었다.

박 목사는 성도들에게 감사일기 노트를 나누
어주고, 매일 써내려가는 5가지 감사일기들을
보며 감사생활을 통해 그들의 삶이 어떻게 변화
하고 있는지를 세심히 살피고, 그들에게 하나님
의 은혜가 충만하기를 기도한다.

"우리 성도들은 대부분 가난하게 살고 있습니
다. 삶이 어려우니 예수님을 믿으면서도 불안해
하는 모습, 서로 불평하고 시기, 질투, 원망하는

상황을 종종 보게 되어 안타까웠습니다."

"걱정하지 말고 필요한 것을 하나님께 구하고 아뢰십시오. 감사하는 마음으로 하나님께 말씀드리십시오. 그러면 우리 주 예수 그리스도 안에서 그 어느 누구도 측량할 수 없는 평안이 여러분의 마음과 생각 가운데 풍성히 임할 것입니다."(빌립보서 4장 6~7절)

위의 성경의 가르침대로 성도들이 '감사'하는 것에만 집중하도록 '감사일기 쓰기'를 독려했다.

"감사일기 쓰기와 병행하여 감사 관련 설교를 하고, 감사하는 사람들의 이야기를 함께 들려준 뒤로 교회 분위기가 밝아지는 것을 느낍니다. 성도들 개개인의 삶을 살펴보면 웃음이 나올 형편이 아닌데도 항상 밝게 웃고 다니는 모습이 신기할 때도 있습니다. 감사하며 밝은 표정으로 웃다보니 마음의 병이 치료된 성도들이 생길 정도로, 교회 전체에 감사와 긍정적인 분위기가 확산되고 있습니다."

박 목사는 감사하는 삶을 살기 위해서는 '만족함'을 배울 것을 주장했다.

"전세 보증금을 빼서 교회를 개척했기 때문에 저는 가진 것 없이 시작했습니다. 그래서 매사에 만족하고 감사하는 마음을 갖게 됐습니다. 지금의 교회가 있는 것도, 함께 말씀을 나눌 수 있는 성도들이 있다는 것도 하나님께 감사할 뿐입니다."

최근 박 목사는 거창한 교회 건축이 아닌, 필요한 공간을 마련하는 방식으로 교회 건축을 마쳤다. 교회 공동체의 모든 이들이 기쁨으로 하나님과 이웃과 교제할 수 있는 공간이 마련되었다는 감사와 감격 속에 오늘도 감사일기를 쓰고 있다.

감사일기의 기적이 계속되고 있다는 증명이다.

– 편성희 기자(2009년 6월 21일자 아름다운동행 기사)

감사일기를 쓰면…

감사일기를 쓰면 변화를 경험한다. 그 변화는 작은 것에서부터 커다란 것에 이르기까지 개인마다 다 다르다. 하지만 중요한 것은 '변화한다'는 것이다. 감사일기를 쓰면 이렇게 달라진다.

- 사람을 대하는 눈이 달라졌다.
- 삶을 대하는 태도가 진지해졌다.
- 부부싸움이 줄었고 아내가 더 예뻐 보인다.
- 전에는 무감각하게 지냈던 계절의 변화를 느낀다.
- 매일 똑같은 일상인 줄 알았는데 그 속에 숨어 있는 작은 행복을 발견하게 됐다.
- 가족과 주위 사람들에게 감사를 표현하는 빈도

가 늘어났다.

● 부모님의 은혜를 새삼 깨닫게 되었다.

● 내 삶에 희망이 있다고 느껴졌다.

● 내가 살아 있다는 것 그 자체만으로도 감사를 느끼게 됐다.

● 과거의 상처나 슬픔이 덜 아프게 됐다.

● 전에는 느끼지 못했던 삶의 기쁨이 느껴지기 시작했다.

● 전보다 나의 삶이 행복하게 느껴졌다.

● 나쁜 상황을 만났을 때 이전보다 더 긍정적으로 생각하게 됐다.

● 주변 사람들로부터 전보다 밝아졌다는 이야기를 자주 듣는다.

● 전보다 웃는 횟수가 많아졌다.

● 전보다 화를 내는 횟수가 줄었다.

● 전보다 삶의 에너지가 많아졌다.

● 사람들에게 칭찬, 고마움을 표현하는 횟수가 늘어났다.

- 사람들에게서 좋은 점을 발견하는 횟수가 많아졌다.
- 관계가 불편한 사람들과 관계를 개선하려는 노력을 전보다 적극적으로 하게 됐다.
- 다른 사람의 소중함을 자주 느끼게 됐다.
- 내 주위에 나를 돕는 사람이 많음을 느꼈다.
- 내가 가지고 있는 것이 많다고 느껴졌다.
- 내가 할 수 있는 것이 더 많이 보이기 시작했다.
- 내가 더 멋진 사람이라고 느껴졌다.
- 나의 현재가 만족스럽다고 전보다 자주 느끼게 됐다.
- 내가 더 성장할 수 있을 것이라고 느껴졌다.

이 책을 쓰면서 이런 상상을 해봤다. 만약 어떤 사람이 10년 동안 감사일기 대신 불만일기를 쓴다면 그 사람은 어떻게 될까?
1단계 불만 찾기
2단계 불만 표현하기

3단계 불만 만들기….
판단은 독자 여러분에게 맡긴다.

세상에서 가장 먼 거리가 얼마나 되는지 아는가? 정답은 머리에서 가슴까지 한 뼘 거리라고 한다. 아는 것을 실감하기는 쉽지 않다는 얘기다. 감사일기 쓰기에 대해 잘 알았지만 그 필요성을 실감하고 일기 쓰기를 결심하기란 쉽지 않다는 뜻이다.

하지만 이보다 더 먼 거리가 있다. 그것은 가슴에서 손발까지의 거리다. 감사일기 쓰기에 대해 잘 알고 그 필요성을 절감하고 매일 쓰기로 결심은 하였지만, 정작 그것을 행동으로 옮기는 건 더 어려운 일이라는 뜻이다.

그럼에도 불구하고 독자 여러분들이 감사일기 쓰기를 평생의 습관으로 이어나가기를 기도한다. 하나님께서 여러분의 감사를 기쁨으로 받아주실 것이다.

명사들이 말하는 감사

●"불행할 때 감사하면 불행이 끝나고, 형통할 때 감사하면 형통이 다시 찾아온다." ― G. E. 스펄전

●"사람은 고맙다는 말만 가지고는 은혜를 갚지 못한다. 다른 사람에게 같은 은혜를 베풂으로써 갚아진다." ― A. 모로

●"만약 그대가 가진 것으로 감사할 수 없다면, 그대가 큰 불행을 피한 것으로 감사하라." ― 린너

●"감사는 상대방에게 바치는 깨끗하고 향내 나는 마음의 열매다." ― 김말봉

●"감사하는 마음은 다른 사람을 위해서가 아니라 자기 자신에게 평화를 가져다 주는 열쇠이다. 감사하는 행위, 그것은 벽에다 던지는 공처럼 언제나 자신에게로 돌아온다." ― 이어령

●"우리에게는 하루에도 수없이 감사한 일이 일어나지만, 그것을 감사한 일로 믿는 사람에게만 감사

가 된다.” ― 이의용

  ●“하늘을 향한 감사의 생각은 그 자체가 기도이다.” ― G. E. 스펄전

  ●“가장 축복받는 사람이 되려면 가장 감사하는 사람이 되라.” ― C.쿨리지

  ●“어떤 아름다운 것도 거기서 감사를 빼면 절름거리고 만다.” ― 조엣

  ●“감사란 긍정의 극치다.” ― 이의용

  ●“남에게 베푼 것은 기억하지 말고, 남에게 받은 은혜는 잊지 말라.” ― 바이런

  ●“가진 바 때문이 아니라, 되어 진 바로 인해 감사한다.” ― 헬렌 켈러

  ●“인류의 첫 번째 범죄는 고마움의 결핍에서 비롯된 것이다.” ― 쉐퍼

  ●“적은 것에 감사하지 않는 사람은 많은 것이 주어져도 감사할 줄 모른다.” ― 에스토니아

  ●“하루를 원망하기보다 감사로 받아들이는 것이 나에 대한 최선의 예의이다.” ― 베티스타

● "감사는 고결한 영혼의 얼굴이다." — 제퍼슨

● "마음의 동산에 감사가 사라질 때 그 사람은 죽은 사람과 다름없다." — 밥 존슨

● "감사는 결코 졸업이 없는 과정이다."

— 발레리 앤더스

● "사람이 얼마나 행복한 가는 그의 감사의 깊이에 달려 있다." — 존 밀러

● "감사를 통해 사람은 진정한 부자가 된다."

— 본회퍼

● "하나님의 주소는 둘이다. 하나는 천국. 또 하나는 감사하는 자의 마음이다." — 아이작 왈톤

● "감사는 최고의 항암제요, 해독제요, 방부제다."

— 존 헨리

● "감사는 예의 중에 가장 아름다운 표현이다."

— J.마르뎅

● "감사하는 마음은 미덕 중에서 최고일 뿐 아니라, 다른 모든 미덕의 어버이다." — 키케로

● "감사의 마음은 얼굴을 아름답게 만드는 훌륭한

끝손질이다.” — T. 파커

●“감사하는 영을 개발하라. 그러면 그대는 영원한 잔치를 즐길 것이다.” — 맥더프

●“감사하는 자에게 하나님은 베푸시고, 다른 속박을 풀어주신다.” — R. 크릴리

●“감사하는 마음은 창조적인 반응과 삶의 힘을 증진시켜 준다.” — 스트라잇

●“소금이 음식에 맛을 주는 것처럼 감사는 영적 생활의 소금이다.” — 스트라잇

●“감사하는 자는 복이 있나니, 저들이 날마다 감사하게 될 것이다.” — 이의용

●“감사와 사랑은 우리를 향한 하나님의 사랑에 대한 응답이다.” — W. 템플

●“감사를 받기 위해서는 먼저 감사를 표시하라.” — 그라시안

●“감사를 표현하는 마음은 감사를 받을 행동을 한 마음만큼이나 훌륭하다.” — 세네카

●“행복은 바로 감사하는 마음이다.”

― 조셉 우드 크루치

●"감사는 갚아야 할 의무이지만 어느 누구도 그것을 기대할 권리는 없다." ― J. J. 루소

●"우리는 우리가 가진 것을 생각하지 않고, 없는 것만 생각하는 경향이 있다. 이것이야말로 이 세상에서 가장 큰 비극을 만들어내는 것이다."

― A. 쇼펜하워

●"이 세상에서 가장 상쾌한 과실은 감사다."

― 메난드로스

●"과도한 감사만큼 지나친 아름다움은 없다."

― J. 라 브뤼에르

●"감사는 위대한 교양의 결실이다. 야비한 사람에게서는 감사를 발견할 수 없다."

― S. 존슨

●"감사하는 마음이란 마음에 새겨 둔 기억을 말한다." ― J. B. 마슈

●"불만은 늘 생활에 독을 섞어 넣는다. 참고 견디는 것은 생활에 시적인 정취와 엄숙한 아름다움을

준다." — H. F. 아미엘

● "감사는 사람을 원숙한 신앙으로 인도해 준다."

— 이의용

● "많은 사람들이 불만을 품는데 그것은 하나(1)와 무(無)의 차이가, 하나(1)와 천(千)의 차이보다 크다는 사실을 아는 사람이 적기 때문이다."

— S. F. 베르네

● "행복의 원리는 간단하다. 불만에 속지 않으면 된다. 어떤 불만 때문에 자기를 학대하지만 않는다면 인생은 즐거운 것이다." — B. 러셀

● "불만은 결핍에서 오는 것보다 욕망에서 생기는 수가 많다." — 영국 속담

● "당신이 하는 불평과 잔소리 한 마디 한 마디는 당신 집 안에 무덤을 한 삽씩 파들어 가는 것이다."

— R. 라이트

● "어떤 말(馬)이든 자기 짐이 제일 무겁다고 생각한다." — 영국 속담

● "집이 천 칸 넓이라 하더라도 잠잘 때에는 여덟

자로 족하고, 논밭이 만경창파같이 넓어 곡식이 많더라도 하루에 두 되 쌀이면 족하다.   ― 채근담

● "감사는 긍정의 극치요, 믿음의 결정(結晶)이다."   ― 이의용

● "만족하지 못하는 것이 곧 불행이다. 그러므로 모든 욕심에서 벗어난 사람은 항상 만족할 수 있다."
   ― 노자

● "만족은 천연(天然)의 부(富)다."
   ― 소크라테스

● "작은 것에 만족할 줄 모르는 사람은 어떤 것에도 만족할 줄 모른다."   ― 에피큐로스

● "만족은 대개 궁궐보다 오두막집에 자리 잡는다."   ― 서양 격언

● "성공하였기 때문에 만족하는 것이 아니라, 만족하게 여기고 있었기 때문에 성공한 것이다."
   ― A. 알랭

● "만족은 철학자의 돌이며, 그것이 닿는 모든 것을 금으로 바꿔준다."   ― 플로아

● "베이컨을 살 수 없는 사람은 양배추로 만족하라." ― 영국 속담

● "만족은 여성의 얼굴에 최고의 화장이다."
― 덴마크 속담

● "고마운 것을 보지 못하는 사람은 바로 감사의 색맹이다." ― 이의용

● "이미 가지고 있는 것에 불만을 느낀다면, 온 세상을 자기의 것으로 만든다 해도 만족하지 못한다."
― 세네카

● "다른 사람과 나를 비교하지 말라. 그럴 시간이 있으면 어제의 나와 현재의 나를 비교하라.

과거에 대해 후회하지 말라. 그럴 시간이 있으면 과거에 대해 철저히 반성하라.

미래에 대해 염려하지 말라. 그럴 시간이 있으면 미래에 대해 성실히 준비하라." ― 이의용

● "주님, 감사합니다. 저는 주님께 출세의 길을 위해 건강과 힘을 구했으나, 주님은 순종을 배우라고 나약함을 주셨습니다.

주님, 저는 위대한 일을 하고 싶어 건강을 청했으나, 주님은 보다 큰 선을 행하라고 병고를 주셨습니다.

주님, 저는 행복하게 살고 싶어 부귀를 구했으나, 주님은 지혜로운 자가 되라고 가난을 주셨습니다.

주님, 저는 만인이 우러러보는 존경받는 자가 되려고 명예를 청했으나, 주님은 저를 비참하게 만드시고 주님만을 필요로 하게 하셨습니다. 주님, 저는 홀로 있기가 외로워 우정을 청했으나, 주님은 세계의 형제들을 사랑하라는 넓은 마음을 주셨습니다.

주님, 저는 삶을 즐겁게 해줄 모든 것을 청했으나, 주님은 다른 모든 사람들을 즐겁게 해줘야 하는 섬기는 삶의 길을 주셨습니다.

주님, 제가 주님께 청한 것은 하나도 받지 못했지만, 그 대신 주님께서 제게 원하시는 모든 것을 주셨습니다.

주님 감사합니다." — 무명씨

●내가 느끼고 깨달은 감사로 명언을 만들어 보자.

내가 만든 감사격언

나의 감사일기

나의 감사일기를 적어보자.

....

....

....

....

....

....

....

....

....

....

....

....

....

 나의 감사일기

" 감사거리가 안 보인다고요?"

감사색맹을 위한 감사거리 찾기 9가지

1. 현재의 일 뿐만 아니라, 과거의 일에서도 감사할 일이 없는지 찾아보자.

2. 눈에 보이는 것뿐만 아니라, 눈을 감고 기억에 떠오르는 감사거리도 찾아보자.

3. 당연히 감사할 것들('그러니까 감사')만이 아니라, 짜증을 내거나 불만스러워 해야 할 일 가운데 역발상하여 '그럼에도 감사')은 없는지 찾아보자.

4. 내게 다가온 일을 가장 좋은 일과 비교하지 말고, 최악의 일(죽음)과 비교해보자.

5. '나'에게 고마운 일만 찾지 말고, '우리', '남', 공동체에 고마운 일도 찾아보자.

6. 다른 사람의 현재 모습과 나를 비교하지 말고, 어제의 나와 현재의 나를 비교하자.

7. 새로 주어진 것만 찾지 말고, 이미 주어진 것도 찾아보자.

8. 내가 원해서 생긴 것만 찾지 말고, 원하지 않았는데 이미 있는 것도 찾아보자.

9. 남에게서 받은 것만 찾지 말고, 내가 남에게 베푼 것도 찾아보자.